늙어감을 사랑하게 된 사람들

표지 설명

전체적으로 노랑 바탕이 깔려 있다. 꽃잎과 나뭇잎 같은 둥근 조각들이 분홍 초록 보라 파랑 주황의 색으로 전체에 퍼져 있다. 위쪽 중앙에 "늙어감을 사랑하게 된 사람들"이라는 책 제목이 가로로 적혀 있고, 바로 아래에 오른쪽으로 엇갈리게 "김영옥 지음"이라고 저자 이름이 적혀 있다. 왼쪽 빈자리에 저자가 대화를 나눈 열한 사람의 이름 "김현숙 김진구 이은주 육끼 김신효정 조미경 어쓰 이동현 김윤영 루인 최현숙"이 세로쓰기로 작게 적혀 있다. 표지 오른쪽 아래에 출판사 위즈덤하우스의 로고가 있다.

* 이 책이 오디오북, 점자책 등으로 만들어지거나 전자책으로 제작돼 TTS(Text To Speech) 기능을 이용할 독자들을 위해 간단한 표지 설명을 덧붙인다.

늙어감을 사랑하게 된 사람들

김영옥 지음

- 김현숙
- 김진구
- 이은주
- 육끼
- 김신효정
- 조미경
- 어쓰
- 이동현
- 김윤영
- 루인
- 최현숙

위즈덤하우스

차례

프롤로그   ◦ 9

1부   다리 놓는 사람들

1장   할머니들과 함께 '리틀 포레스트'를 살다   ◦ 21
두물머리 농부 김현숙

2장   독거노인의 집에서 우리의 노년기를 엿보다   ◦ 43
서울 성북구 고령친화 맞춤형 주거관리 서비스 사업단 김진구

3장   나는 '신'을 돌보는 요양보호사입니다   ◦ 67
요양보호사 이은주

4장   노년의 이야기로 짓는 예술   ◦ 91
이야기청 프로젝트 육끼

5장   씨앗을 지키고, 세대를 잇다   ◦ 109
환경운동연구가 김신효정

2부 테두리를 넓히는 사람들

6장 호기심 가득한 장애여성 노인을 꿈꾸다   ● 131
장애여성공감 공동대표 조미경

7장 노년도 청년도 차별받지 않는 사회   ● 159
인권운동사랑방 활동가 어쓰

8장 두려움이 우리의 미래를 압도하지 않도록   ● 175
홈리스행동 활동가 이동현
빈곤사회연대 활동가 김윤영

9장 트랜스젠더'의' 나이듦, 또는 트랜스젠더'와' 나이듦   ● 195
한국퀴어아카이브 퀴어락 활동가 루인

10장 늙은 사람 '되기'에는 준거집단이 필요하다   ● 231
생애구술사 작가·소설가 최현숙

에필로그   ● 262
주   ● 275

일러두기

1. 이 책은 저자가 2020년 7월부터 2021년 1월까지 저출산고령사회위원회 블로그와 옥희 살롱 홈페이지에 연재한 "나는 니가/내가 애틋해"를 기반으로, 새로운 글과 사진을 더 해 엮었다.

2. 나이 든 사람을 부르는 말은 다양하다. 노령자, 고령자, 노인, 노년, 선배 시민, 노친네 등. 노인과 노친네는 특히 당사자들이 싫어하는 호명이다. 차별과 배제, 심하면 혐오 의 효과까지 낳기 때문이다. 그러나 노인은 행정 용어로서 일상에서 가장 많이 사용된 다. 이 책에서는 맥락에 따라 노인 혹은 노년이라는 용어를 사용할 것이다.

3. '치매'는 자아의 상실과 어리석음이라는 부정적인 의미가 강한 단어다. 그래서 질환을 나타내는 인지장애증이라는 말로 대체하자는 의견이 대세다. 그러나 이 책에서는 대 중들의 일상적 용법에서 치매가 표현하는 특정 삶의 사회문화적 조건과 환경, 맥락을 드러내기 위해서 이 용어를 사용한다. 작은따옴표를 사용함으로써 용어 사용의 불편 함과 그에 따른 거리 두기를 표시하고자 했다.

4. 단행본·정기간행물에 겹화살괄호(《 》)를, 영화·공연·전시·방송 프로그램·노래·법령 에 홑화살괄호(〈 〉)를, 논문·기사·기고문에 큰따옴표(" ")를 사용했다.

나답게, '함께' 나이 들어가기

할머니 할아버지들은 어디에서 오나요

어느 가을날 오후, 나는 새로 산 조류도감과 쌍안경을 들고 홈스 공원에 앉아 있었다. 빨간 털실 모자를 쓴 금발 곱슬머리 소녀가 내 손에 들린 책을 보고 다가왔다. 아이 어머니가 지켜보는 가운데, 나는 소녀에게 오리와 거위의 사진을 보여주며 호수에 사는 새들의 공통점을 알려줬다. 소녀는 내 이야기를 즐겁게 들었다. 그런데 책을 덮은 순간, 아이가 나를 바라보며 천진난만한 눈빛으로 물었다. "할머니들은 모두 어디서 오는 거예요?" 아이의 머릿속에는 내가 자신과 전혀 다른 생물이라는 생각이 들어 있었던 것이다![1]

《나는 내 나이가 참 좋다》에서 메리 파이퍼가 소개한 일화다. 파이퍼는 이 일화의 구조적 배경으로 노년(그중에서도 특히 노년 여성!)에 적대적인 미국의 문화를 언급한다. 파이퍼는 여성주의 심리상담가로 임상과 강연과 글쓰기에 전념하면서 70대를 맞이했다. 그 자신을 포함해서 현실 속의 노년 여성들은 지배적 문화가 주장하는 것보다 '훨씬 더 복잡하고, 강렬하며, 매혹적'이다. 그러나 주류 문화는 이들의 구체적·개별적 삶에 관심이 없다. 호기심을 갖고 주의 깊게 관찰하기에는 가부장제 성/문화와 그에 따른 '외모 자본 논리'의 힘이 너무 세다. 2025년이면 총 인구의 20퍼센트, 즉 다섯 명 중 한 명은 고령자가 될 한국 사회도 예외가 아니다. 다양한 연령대가 어떤 소통과 만남의 형태로 공존할지 궁금하지 않을 수 없다.

"아기들은 어디서 오는 거예요?" 어린아이들은 묻곤 한다. 출생의 비밀은 막장 드라마의 단골 주제가 되기 이전부터 인간의 존재론적 근원을 묻는 질문이었다. 그런데 이제 '할머니들과 할아버지들이 어디서 오는지' 묻는 일이 생기고 있다! 그만큼 할머니들과 할아버지들은 특이한 존재로 '보인다'. 어린아이들에게만 그럴까? 자신의 자아 이미지에 '늙은이' 이미지는 절대로 용납할 수 없다고 결의를 다지는 모든 사람들에게 그런 건 아닐까. 추상적인 기호의 세계에 갇힌 채, 있어도 보이지 않고 들리지 않던 '노인들'이 문득 얼굴을 마주하고 목소리를 나누는 만남 속에서 구체적으로 보이고 들리게 될 때, 이들은 '특이 현상'으로 경험된다. 삼대가 같이 사는 일이 드문 지금 어린아이들이 할머니·할아버지와 일상의 장에서 친밀해지며 익숙해질 가능성은 희박하다. 책이나 드라마, 영화에서 할머니들과 할아버지들이 매력적이고 설득력 있는 주인공으로 등장해 독자나 시청자들과 '밀당'을 하는 경우 또한 매우 드물다. 아니, 거의 없다고 봐야 한다. 어린이들뿐 아니라 비非노년 세대 모두에게 할머니나 할아버지와 의미심장한 관계를 맺는 것이 점점 더 흔치 않은 일이 되고 있다. '황혼 육아'로 호출되는 할마(할머니 엄마)와 할빠(할아버지 아빠)의 손자녀 양육이 아니라면 말이다.

위에 인용한 파이퍼의 이야기를 읽은 순간 나는 소녀의 천진난만함에 미소를 짓지 않을 수 없었다. 그러나 이후 이 일화가 떠오를 때마다, '이건 웃을 일이 아닌데'라는 생각이 들었다. 60대에 들어선 지 벌써 4년이 지난 내게는 저 소녀의 질문 너머 천진난만함의 배경이 우려와 함께 떠오른다. 어린아이들을 포함해 청소년, 청년, 중장년인 보통의 시민들은 어디에서 할머니·할아버지를 만날까. '늙은이들'과 이웃으로, 친구로 허심탄회하게 말을 섞고 가끔씩 만나 밥이라도 같이 먹는 '사이'가 될 수 있을까. 오히려 노년들에게는 무관심이 최고의 예의요 친절이라고 은연중에 간주하는 '선량한 연령차별주의자'가 늘고 있는 건 아닐까.

미국의 계관시인 도널드 홀은 여든 이후에 쓴 에세이들을 모은 책《죽는 것보다 늙는 게 걱정인》에서 고령자가 된다는 것은 "마치 다른 우주로 여행을 온 것"과 같다고 말한다. 평소에 아무리 숙지하며 마음의 준비를 해왔다고 해도 '고령'이라는 세계는 낯설고 당혹스러운 미지의 영역이다. 갑자기 '이곳'에 들어선 노년은 녹색 피부에 머리는 두 개인 데다 안테나까지 달린 외계인이다. 그가 어떤 사람인지는 중요하지 않다. 즐거운 사람이든 짜증 나는 사람이든, 그를 동행하는 가장 중요한 표식은 그가 명백하게 '타자'라는 것이다. 자기 자신에게도 낯선 '고령자'가 되어 그는 이 미지의 우주에서 새 삶을 꾸려야 한다.

우리는 여든 살이 되면 자신이 외계인이라는 사실을 이해한다. 잠시라도 자신이 늙었다는 사실을 잊으면 반드시 깨우침이 온다. 앉은 자리에서 일어서려 할 때 바로 느끼는 것이다. 우리를 녹색 피부에 머리가 둘 있고 거기에 안테나까지 달려 있는 존재처럼 쳐다보는 젊은이와 마주칠 때도 그렇다. 세상에서 동떨어진 우리들의 존재를 대하는 사람들의 태도는 냉담할 수도 있고 친절할 수도 있다. 한 가지 공통점은 그들은 언제나 어떤 종류의 우월감을 나타낸다는 점이다.[2]

'노령'이라는 이 미지의 우주에서 젊은이들은 '노령자'에게 '멋진' '신사' '귀여운' '사랑스러운'이라는 표현을 붙여줌으로써 자신들의 호의를 전하기도 한다. 그러나 냉담 아닌 친절한 호의라 해도, '외계인'에게 은혜를 베푼다고 생각하며 권력을 행사하는 그들의 기본 태도는 같다고 홀은 풍자 섞인 말투로 꼬집는다. 노령자 배려는 때로는 어이없는 코미디가 되기도 한다. 나이 들면 어린아이가 된다는 말을 사람들이 어느덧 비유가 아니라 문자 그대로 이해하고, 이해한 대로 노년을 대하기 때문이다. 같은 나이대의 동료나 시민들뿐 아니라 후배 세대들까지 존경하는 문장가라도 예외는 없다. 노년기는 그 어떤 생애 단계에도 적용하기 어려운 단순한 집단화에 희생된다. 개성을 고려한 존중은 찾아보기 어렵다. 믿고 싶지 않지만 현실이다.

60세 생일을 맞이해 더 이상 염색하지 않겠다고 결정한 나는 흰머리 휘날리는 '노년 여성'이 되었다. 세무서에 갔을 때 나를 맞이한 30대 초반 정도로 보이는 '젊은' 남성 직원은 내가 세무 관련 '전문 용어'를 제대로 알아듣지 못할 것이라 지레짐작하고, 짜증 섞인 목소리로 아주 거칠고 짧게 설명했다. 제대로 알아듣지 못할 것 같으면 차분하게, 조리 있게, 길게 설명해야 할 텐데 오히려 그 반대였다. 흰머리 휘날리며 살기 시작한 이래로 나는 이런 모순을 간간이 경험한다. 그러나 예기치 않은 친절을 맞닥뜨릴 때도 있다. 지하철에서였다. 핸드폰에 코를 박고 있던 (20대 초반 정도로 보이는) 청년이 문득 고개를 들어 자기 앞에 서 있는 나를 발견하고는 깜짝 놀란 듯 벌떡 일어나 "앉으세요" 한다. "아니에요, 괜찮아요." 명랑하게 사양하는 내게 그의 옆자리에 앉아 있던 '진짜 할머니'가 "몸을 보니 늙지 않았네, 뭐. 아, 머리 염색을 왜 안 하고 그래요? 하세요!"라며 웃음과 힐난이 섞인 얼굴로 충고한다. 이분은 짙은 갈색으로 머리를 염색하고, 허리에는 반짝이는 인조 보석들로 장식된 넓은 허리띠를 하고 있다. 누구의 시선도 비껴가지 않을 화려함이다. 누구에게나 '처음으로 자리를 양보받는 날'이 온다. 사람들이 감정을 숨기지 않은 채 들려주곤 하는 그날이, 염색 안 한 머리 덕분에 내게도 온 것이다. '진짜 할머니'의 충고까지 곁들여진 조금은 흥미로운 경험이었다. 그렇게 나 역시 훌이 말한 두 종류의 대접을 골고루 받는다.

'노년 여성'으로 살면서 나는 노년들을 어떻게 대해야 하는지, 노년들과 어떤 방식으로 관계 맺어야 하는지 사람들이 전반적으로 잘 모르는 게 아닐까 생각하게 되었다. 감지될 듯 말 듯 진행되는 늙음의 과정, 노년의 실생활, 노년의 몸, 그 몸이 매개하는 느낌이나 생각 등등. 현재 우리를 둘러싼 삶의 환경에서 이런 걸 저절로 알기란 어렵다. 나이 든 사람을 가리키는 호칭부터가 혼란스럽기 짝이 없다. 우선 '나이 든다'와 '늙는다'의 차이가 적지 않다. 후자가 훨씬 더 부정적이다. '늙은이'는 늙은 이, 즉 늙은 사람을 일컫는 말이지만 '늙은이'로 불리는 걸 좋아하는 사람은 없다. 가끔 나는 의도적으로 늙은이라는 말을 쓰는데, 바로 이 차이를 강조하고 싶어서다. 그리고 노령자, 고령자, 노인, 노년, 노친네, (여성의 경우) 노파 등 나이 든 사람을 가리키는 말도, 어감에 있어서나 듣는 사람의 기분에 있어서나 다 다르다. 노령자나 고령자는 주로 정부의 행정 문건에 등장하는 말이다. 노인은 나이 든 사람을 가리키는 가장 일상적인 용어이면서 당사자들이 결코 듣고 싶어 하지 않는 호칭이기도 하다. 노인이라는 말에 두껍게 달라붙어 있는 부정적 의미를 알기 때문이다. 노년학이나 노년 인권을 비롯해 노년층의 존엄을 고민하는 영역에서 노년이라는 말을 사용하자는 제안이 나오는 이유다.[3]

그리고 언제부터 노년기가 시작하는가, 나는 언제부터 노년인가? 이것도 아리송하다. 예를 들어 "2023년은 베이비붐 세대 대표 연령인 '58년 개띠'가 노인이 되는 해이다"라는 문장을 언론 기사에서 발견하면, 58년 개띠인 나는 조금 뜨악하다. "나는 흰머리 휘날리는 '노년 여성'이 되었다"라는 말을 할 때의 유희적 자기 성찰이나 비판적 거리두기가 생략된 '노인이 되다'라는 사실 확정은 행정적 폭력성을 풍기기도 한다. 노년 연구를 하면서 내가 만난 당사자들은 대략 75세부터 자신을 '진짜 노년'이 되기 시작했다고 느낀다. "그전까지의 나이 이야기는 농담이었고, 이제 진담이 시작되는 거지"라고 말한다. 신체와 정신·마음 사이에서, 사회적으로 부여되는 정체성과 사적으로 느끼는 정체성 사이에서 나이듦은 협상과 조율, 적응과 성장의 문제가 된다. 개인별로 협상과 조율 수준이 다를 수밖에 없다. 이것 또한 적극적으로 존중받아야 할 사실이다. 아무튼, 나이듦/늙어감은 배움이 필요한 일이다. 노년기의 적응과 성장을 위해서는 선행 학습이 필요한 것이다!

'늙기'에도 선행 학습이 필요하다

5060 여성들에게 '나이듦과 젠더'를 주제로 강연할 때였다. 어떤 이야기를 듣고 싶은가, 미리 부탁드린 질문에 참여자들이 준 답변에는 이런 것들이 있었다. "선배 시민으로 마중물 역할을 하고 싶다." "같이 늙어가는 사람들 '사이'에서 편안해지고 싶지만 다른 이들의 늙어가는 모습을 찾기 어려웠다." "노후를 잘 준비하고 싶지만, 여전히 우왕좌왕 상태다. 막막하다고나 할까? 분명한 것은 선한 영향력을 끼치고 싶다는 것, 누군가에게 도움이 되는 일을 하고 싶다는 것이다." "봉사, 어디서 어떻게 시작할 수 있을까, 채워지지 않는 이 마음의 갈증은 뭐지? 사회 공헌이라는 말을 받았는

데 구체적인 출발점을 모르겠다." "나답게 사는 건 어떻게 사는 것인가?" "쳇바퀴 돌듯 출퇴근을 하던 몸의 습관과 기억이 있어 여전히 은퇴 후의 생활이 어색하다. 이 새로운 일상과 친해지고 싶다." "시부모와 친정 부모 모두 고령이다. 그런데 '내' 자리는 어디인지? 지표를 확인하고 싶다." 이분들의 답답함과 갈증이 생생하고도 구체적으로 느껴졌다. 나 역시 학습 중인 사람. 속 시원한 답을 제시할 수는 없었다. 그러나 같이 모색하는 대화의 시간은 즐겁고 또 진지했다. '같이 늙어가는 사람들 사이에서 편안해지고 싶지만 다른 이들의 늙어가는 모습을 찾기 어려웠다'는 말이 내게 화두로 남았다.

'100세 시대' 준비를 돕겠다는 수많은 자기계발서와 지침서 들이 있음에도, 다른 이들의 늙어가는 모습을 찾기 어려운 것이 현재 우리가 처한 상황이다. 우리에게 필요한 것은 '○○을 해야 한다'는 열 가지, 스무 가지, 서른 가지 지침이 아니라 '○○ 하면서, ○○ 하게 늙어가고 있는 사람'이 곁에 있는 거다. 적금 통장, 체력 단련 루틴, 친구, 여행지 목록, 맛집 주소들, '성공한' 노년 사례 만으로는 여전히 노년기를 살아낼 준비가 부족하다고 느낀다. '나답게 늙어가기'는 여전히 수수께끼다. '나답게 늙어가기'는 '나답게 나로서 산다'와 마찬가지로 끝까지 정답 없는 모색과 질문으로 남는다. '답게'라는 말이 가리키듯이 그것은 내 결심만으로, 내 시도만으로 되는 게 아니기 때문이다. 여기에는 사회가, 친지와 일을 비롯한 내 둘레 세계가, 그리고 국가가 개입하고 있다. 내가 소녀일 때 '나답게'는 사회가 규정하는 '소녀답게'와 싸우며 협상한 결과이고, 내가 결혼하고 아이를 낳아 엄마가 되었을 때 '나답게'는 사회가 칭송하는 '엄마답게' 때문에 숨이 막힐 것 같아 몸부림친 과정이다. '나답게'는 그렇게 생애 모든 단계에서 투쟁하고 타협하고 뛰쳐나가고 피 흘리며 항복하면서 구성되고 또 재구성되었다. '나답게 늙어가기'란 '나답게' 살기 위해 경험한 그 모든 과정에서 배운 것을 기억하며, 그것의 되새김질 속에서 늙어감과 노년 되기와 노년으로 살아가기를 수행하는 일일 것이다. 정답은 없지만, 확실한 오답은 있다. 사회문화 규범이 지정하고, 특히 뷰티 산업이 부추기는 각종 '에이징·안티에이징 선전' 말이다. 이것을 잊지 않는 것만도 쉽지 않다.

앞서거니 뒤서거니 60대에 들어선 남자들이 여럿이던 어떤 노년 관련 연구 모임에서 "걷지도 못할 지경이라서 놀러 나가지도 못하고 방구석에 처박혀 있게 되면 죽어야지!"라는 말이 서슴없이 튀어나오는 걸 보면서, 나는 '저 나이에도, 게다가 노년 관련 연구 모임에서 저런 철없는 말을 거침없이 내뱉다니' 하고 놀라지 않을 수 없었다. '늙어가기'에도 선행 학습이 필요함을 다시 한번 확인하는 순간이었다. 늙어가기에 필요한 선행 학습에는 노년과의 만남과 관계

맺기가 가장 중요하고 효과적이다. '이렇게 노년이 된다' 혹은 '노년, 이렇게 살고 있다' 등은 직접 관계를 통해 체감될 때 확실한 지식이 될 수 있다. 그 체감으로 상투적이고 표피적인 '노인 이미지'를 부술 수 있다. 물론 직접적인 만남과 관계의 내용과 의미는 기존의 문화가 제공하는 해석의 틀에 영향을 받는다. '순수한 만남' 같은 건 없다. 노년과의 만남에는 언제나 사회문화가 제시하는 '노인답게'의 이미지가 드리워져 있다. 그러나 만남이 표피의 층을 뚫고 깊어진다면, 상투의 경계 너머로 전진할 수 있다면, '내가 경험한 노년 누구누구'는 사회문화가 제시한 '노인답게'를 부수고 다른 '노년 이미지'를 세울 것이다. 내가 경험한 구체적 만남을, 다른 이들과 공유 가능한 문화나 지식으로 전환할 수 있는 것이다.

여기, 우리 사이에 노년이 산다는 것이 우리 각자의 삶에서 중요한 공부의 실마리가 되길 희망하며 이 책을 펴낸다. 노년을 만나 노년이 된다는 것의 의미를 알게 되고, 노년과 우정을 쌓거나 '늙어감'을 사랑하게 된 사람들의 이야기가, 나답게 늙어가기를 원하는 이들에게 쓸모 있는 선행 학습이 되길 진심으로 바란다. 소중한 경험과 의견을 나눠주신 김현숙, 김진구, 이은주, 육끼, 김신효정, 조미경, 어쓰, 이동현, 김윤영, 루인, 최현숙 님께 깊이 감사드린다. 이들은 말의 정직한 의미에서 이 책의 공저자다.

1부

다리 놓는 사람들

할머니들과 함께
'리틀 포레스트'를
살다

두물머리 농부

김현숙

할매력의 탄생

'할매력'이라는 달력이 있다. 양평의 '두물머리 활짝 협동조합' 팀이 기획해서 만든 달력이다. 이 협동조합의 조합원들은 팔당 유기농 투쟁에 가담했던 여성 청년들이다. 이들은 두물머리에 남아 투쟁 '이후'의 삶을 이어가고자 한다. 나는 운 좋게 2017년 달력을 한 부 얻을 수 있었다. 여전히 벽에 걸어두고 가끔 들춰본다. '할매력'은 농사짓는 것을 비롯해 촌 살이에 꼭 필요한 절기들을 하나하나 짚어준다. 소한·대한·입춘이 있는가 하면, 우수·경칩·춘분이 있다. 귀에 익숙한 건 하지·추분·동지 정도? 소만이니 망종이니, 백로니 상강이니 낯선 이름들이 묘하게 아름답다. 이 이름들은 모두 농사를 지을 때 중요한 자연의 흐름과 활동의 시점들을 가리킨다.

그러나 할매력은 무엇보다 활짝 멤버들이 발견한 양평 부용리 할매들의 '매력'을 강조한다. 할매들의 매력! 줄여서 할매력이다. 다섯 할매들의 매력이 '뿜뿜' 풍기는 달력이다. 날짜는 활짝 멤버들에게서 한글을 배운 양승임 할머니와 이홍교 할머니가 손수 쓰셨다. 각 달에 그려진 그림과 텍스트는 할머니들의 기술·기억·여가·몸·재담(음담패설 포함) 등을 '탐구'하면서, 또 할머니들을 밭에서 집에서 장터에서 '경험'하면서 그 매력에 푹 빠졌던 젊은이들의 심정과 감탄을 드러낸다.

'나도 무럭무럭 자라서 할머니가 되어야지'라는 제목을 달고 있는 1월은 이 탐구와 경험의 여정을 이렇게 묘사한다.

사는 일에 멀미가 날 때마다 생각해. 나도 별일 없이 자라서, 무사히 할머니가 될 수 있을까? 만약에, 그럴 수 있다면, 그럴 수만 있다면, 그럼 나는 홍교 할무니 같은 할머니가 돼야지! 막걸리 한잔의 여유를 즐기는 시크함, 상다리 휘어지게 차려주시고도 먹을 게 없어 어쩌냐는 스케일, 할머니 그룹 리더로서 '요즘 시대 태어났음 최소 군수'로 인정받는 탁월한 배포! (⋯) 그리고 또 나는 승임 할무니 같은 할머니가 돼야지! 오래된 것 새로운 것 나란히 정갈한 할머니의 집, 양수리 나가실 때는 예쁜 양말 골라 신는 어여쁜 소녀 감성, 헤어질 땐 늘 '또 오라고, 또 오라고' 안아주시는 넓은 품, 즐거운 이야기 뒤엔 언제나 숨어계신 박수와 추임새의 장인! 응, 그래, 그런 할무니가 될래.

다섯 할머니들과 활짝 멤버들이 '할머니 탐구' 프로젝트를 수행할 수 있었던 것은 중간에서 다리 역할을 해준 부용리 데레사(김현숙) 농부 덕분이다. 20, 30대 젊은이들과 80대 할머니들이 직접 만나서 이러쿵저러쿵 일을 벌이기는 쉽지 않다. 그 일은 두 연령대 사이에 50대 후반 김현숙 농부가 있었기에 가능했다. 이홍교 할머니와 양승임 할머니의 '동생이며 제자이며 친구인' 그는 젊은이들과 할머니들이 스스럼없이 어울리고 먹고 놀 수 있기까지 적절한 윤활유 역할을 했다. 김현숙 농부 역시 활짝 멤버들과 비슷한 시기에 귀촌한 여성이지만 젊은이들보다는 더 전폭적으로 마을 어르신들에게 '엎어질 수' 있었다. 김현숙이 농부가 되어간 과정은 저 두 할머니들의 동생·제자·친구가 되어간 과정이기도 하다. '할매력 2017'을 받아본 이래로 나는 김현숙 농부를 가운데 두고 세 세대 여성들이 어우러져 만들어나가는 느슨한 연대가 궁금했다. 이홍교 할머니와 양승임 할머니도 가까이서 만나고 싶었다. 농번기가 끝나기를 기다려 김현숙 농부가 가꾸는 '봉금의 뜰'을 방문했다.

다 타버리고 난 뒤, 새로 얻은 삶

"농사일요? 별로 겁나지 않았어요."

처음 결심할 때 겁나지 않았냐는 질문에 그의 대답은 명료하고 단순했다. 진짜 막막하고 '겁나 힘든' 일들을 충분히, 너무나 충분히 해봤기 때문이다. 그는 1990년대 초부터 시작해 15년 가까이 '갈릴레아 이주민 사목센터'에서 이주노동자 관련 일을 했다. 늘 싸우는 일이었다. 이주노동자 조직도 없었고, 법은 제대로 정비되지 않았으며, 민주노총조차 국내 노동자들이 힘들게 마련한 근로조건을 이주노동자들이 망가뜨린다고 생각하던 시절이었다. 자신이 속해 있던 천주교 쪽에서도 이주민 사목이라면 외국에 나가 있는 한국인을 위한 것으로만 이해하던 그 시절, 그는 늘 날이 서 있는 시간을 살아내야 했다. 이주노동자들이 산재를 당하면 사장님들과 싸워야 했는데, 그 사장님들의 사정도 딱하지 않은 게 아니어서 싸움은 더욱 힘겹고 각박했다. 번아웃 상태로 IMF를 맞았다. "할 수 있는 게 아무것도 없었다." 이주노동자들은 임금도 못 받고 돈도 없는 상태에서 돌아갈 수도 머물 수도 없었다. 실업극복국민운동본부에서 준 사업비로 쌀과 연탄을 사 나르며 그는 생각했다. "이건 노동운동이 아니다. 복지사업일 뿐이다." 2004년 '사랑의 아기방'을 열고 이주노동자들의 아기들을 24시간 돌봐주는 일도 했지만, 그는 결국 '완전히 다 타버린' 상태로 이주노동자 활동 현장을 떠났다.

"그때 생각하면 도대체 어떻게 일을 했는지 모르겠어요, 끔찍했어요⋯⋯. 그땐 사무실도 없어서 전국을 다 다녔어요. 그러다 보니 너무 지쳐서⋯⋯ 그만두고, 가장 먼 데로 가고 싶었어요, 떠나고 싶었어요."

그렇게 해서 도착한 '가장 먼 곳'이 제주도였다. 그곳에서 무슨 할 일이 있을까 기웃거리면서 농사짓는 어르신들을 따라다녔다. 그게 첫 농사 경험이었다. 농부로 살게 된 결정적인 계기는 '두물머리'였다. 두물머리는 2009년 5월에 시작해 2012년 8월에 끝난 팔당 유기농 보존 투쟁의 현장이었다. 두물머리 싸움이 끝난 후 친구들 가운데 일부가 인근에 밭을 얻었다. 그중 한 명이 서울과 직거래를 할 건데, 그 직거래 작물을 맡아달라고 그에게 부탁을 했고, "안정적인 취업이겠다"는 생각에 하겠다고 했단다.

"두물머리 투쟁 끝 무렵에 너무 지쳐서 다시 제주도에 내려가 있을 때, 막걸리 홍교 할머니가 전화를 하셨거든요, 잘 있느냐고. 그때 갑자기 막 가고 싶은 생각이 들었어요. 그래서 당시 엄마랑 머물고 있던 용문에서 여기까지 차로 40, 50분인데, 그걸 4년 동안 다닌 거예요. 그만큼 매력이 있었던 거죠. 너무나 피곤해서 두 번이나 큰 사고도 냈어요, 졸다가 박고……. 다행히 친구가 돈을 싸게 빌려줘서 여기 부용리에 전세를 얻었어요."

그는 이제 농부로서 "확실하게 살아남을 것 같은 마음"이 든단다. 서울대교구 우리농촌살리기운동본부, '생명밥상 차리기'에서 강의도 한다. 강의할 때면 그는 "다양한 채소와 꽃을 재배하는 '봉금의 뜰' 농장을 운영하는 수원교구 두물머리분회 김현숙(데레사) 농민"으로 소개된다. 화학비료를 사용하지 않는 유기농 농사와 생명농업에 대해 그는 조근조근 이렇게 말한다. 그거 그렇게 거창한 거 아니라고, 지극히 당연하고 자연스러운 거라고. 농사를 짓는 첫 원칙이 "땅에 사는 지렁이, 미생물, 작은 생명체 하나하나에 예의를 다하는 일"이기 때문이다. "농부의 땅은 농부만의 것도 인간만의 것도 아니잖아요. 함께 살아가는 생명에 대한 최소한의 도리를 다해야지요."[1]

영감의 원천, 할머니들

혼자였다면 해내지 못했을 것이다. 농부로 "확실하게 살아남을 것 같은 마음"이 들기까지 그의 곁을 지킨 할머니들 덕분에 해낼 수 있었다. 우선 그의 둘도 없는 동업자요 조력자인 어머니가 있다. 농사는 씨앗을 심는 것에서 시작해 기른 작물을 갈무리하는 것으로 완성된다. 시작은 그가 하지만 완성은 그의 어머니 한봉금의 손에서 이뤄진다. 그래서 '봉금의 뜰'이다. 김현숙과 그의 어머니 한봉금, 두 여성 농부가 짓고 갈무리하고 가꾸는 밭이라는 뜻이다.

그리고 이 두 농부의 곁에 또 다른 두 할머니 농부가 있다. 첫날부터 지금까지 든든한 지원자가 되어준 양승임 할머니와 이홍표 할머니다. 두 사람 없이는 '봉금의 뜰'을 말하기 어렵다. 그들은 김현숙 농부가 처음 부용리에 와서 밭을 일굴 때부터 지금까지 농사짓는 법을 지도해주고 지켜봐준 스승들이고 술친구며 '언니들'이다.

어머니 한봉금, 마을 어르신 양승임·이홍표. 80대 중반의 세 '늙은 여성들'의 지원과 도움과 지혜가 없었다면 '봉금의 뜰'은 어떻게 되었을까. 인터뷰하러 간 날 이홍표 할머니와 양승임 할머니도 같이 만났다. 두 분의 말씀, 두 분이 김현숙 농부와 주고받는 입말들에서 세 사람의 살가운 신뢰와 우정의 역사를 느낄 수 있었다. 누구나 누릴 수 없는 귀한 신뢰와 우정이었다.

"약도 한나 안 쳤어. 진짜야"

양승임 할머니는 김현숙 농부가 처음 농사를 시작할 때 밭을 빌려준 분이다. 할머니는 배려와 인애가 넉넉한 분이다. 그의 '인애하심'은, 초보 농부의 유기농 작물을 위해 뜨거운 여름날 자신의 비닐하우스 문을 앞뒤로 꼭꼭 닫고 그 안에서 제초제를 뿌린 일로 '수줍게' 드러났다. 혹여 자신이 뿌리는 제초제가 공기 중에 번져 유기농으로 키우는 저쪽 작물들에 가 닿을까 봐 얼마나 노심초사했던지.

초보 농부와 그의 어머니가 밭에서 일할 때면 밭 주인인 할머니는 두 사람을 위해 알뜰한 점심상을 차린다. 비가 오는 날이면 부침개를 부치고 본인은 마시지도 않는 술을 초보 농부를 위해 마련한다. 자신의 어머니보다도 나이가 많은 이 할머니를 김현숙 농부는 '언니'라고 부른다. 처음 밭을 빌리면서 임대계약서를 쓸 때 당신은 오빠 한 명밖에 없다고, 누이동생 하나 있는 게 소원이라고 해서 언니라고 부르기로 한 것이다. "그냥 편하게 언니라고 불러요. 엄마라고 할 수도 없잖아요." 양승임 할머니와 비슷한 연배인 이홍표 할머니도 따라서 언니가 되었다. 그렇게 단번에 대가족이 만들어졌다.

승임 할머니는 마을에서 '꼬부랑 할머니'로 불린다. 허리를 펴지 못하는 까닭이다. 20년 전 재수생들을 위한 기숙학원에서 주방 일을 할 때 허리를 다쳤다. 그러나 너무 바쁘고 또 '젊어서, 펄펄 날아댕기는 60대'라서 고칠 생각을 하지 못한 게 영 큰 탈이 되었다.

"음력 정월이라 살얼음이 얼었나 봐. 비탈이가 져서, 허리를 다쳤나 봐……. 일이 엄청나게 많았는데, '할머니 없으면 일을 못해.' 주방에서 인쟈 그래서……. 그

때는 60대라 펄펄 날아댕겼지. 집이 여긴데 거기꺼정 펄펄 날아댕겼어. 그때 고쳐야 되는데 일하느라고. 그때는 젊으니까 괜찮았는데, 이젠 안 돼, 그때 했어야 하는데⋯⋯. 애들이 한 300명 되었어. 부엌에서 밥해줬어. 영양사만 있고 인쟈 반찬 하는 사람 다음에 내가 하고 또 다섯이 설거지하는 사람도 있고⋯⋯ 병원에 다녀야 하는데⋯⋯ 미련한 곰들이⋯⋯ 돈도 주는 대로 받고⋯⋯ 20년 되었어⋯⋯. 허리가 아파서 잘 댕기지도 못해요."

할머니 말씀대로 이해하자면 '펄펄 날아댕기는 젊은 60대 여자 곰'은 심한 허리 부상에도 병원에 가는 대신 300명 청년들의 밥을 해줄 정도로 책임감이 강했다. 남을 위하는 일이 나를 위하는 일보다 앞서면 앞섰지 뒤처지지 않는 그의 성품은 그때나 지금이나 변함이 없다. 통증 때문에 허리를 제대로 펴지 못해서 꼬부랑 할머니라 불릴 정도지만, 그렇다고 있는 밭을 그냥 놀리는 일은 결코 있을 수 없다. 김현숙 농부는 할머니가 "항상 필요한 것보다 더 많이 심고 후회하고 온 동네 사람 다 퍼준다"며 안타까워한다. 그러나 밭이 있으면 작물을 심고, 먹고 남을 만큼 작물이 풍성하면 사람들에게 나누는 것은 할머니 농부들이 따르는 밭의 논리일 테다. 유기 농부와 언니 동생 하며 이웃해서 농사를 짓기 시작

나도 무럭무럭 자라서 할머니가 되어야지.

한 이래로 약을 전혀 쓰지 않는 할머니의 의리 또한 밭의 논리에 사람의 관계를 보태는 할머니 나름의 자존심이다.

"아픈 허리로 벌레 다 잡고, 아픈 허리로. 저 때문에 약을 못 쓰시니까……. 저한테 피해 줄까 봐, 소독 한 번도 안 하고…… 이런 주인이 어딨어……."

"약도 하나 안 쳤어. 진짜야."

"농사를 엄청 많이 배워요. 설명하시지는 않는데 따라만 다니면, 심을 데 심고…… 물을 준다든지, 결정적일 때를 너무 잘 아시는 거예요. 몸으로 보여주시는데."

"머리가 엄청 좋아, 똑똑해, 알아서 딱딱 해요. 할까 말까 안 하고, 잘해……. 이 밭도 남들 한 줄 매면 두 줄 매구 그래. 시방도……. 저 우에서 쳐다보면 을매나 손을 재게 놀리던지……."

훌륭한 스승을 둔 제자와 뛰어난 제자를 둔 스승 사이에서 오고 간 대화다. 두 사람의 마음과 말이 어찌나 장단이 잘 맞고 알콩달콩한지 나는 시계추처럼 두 사람 얼굴을 번갈아 쳐다보면서 소리 없이 웃고 또 웃었다. 평화로운 시간이었다.

"나는 만날 씩씩해요!"

농부가 되기 전 김현숙은 팔당 유기농 투쟁에서 이홍표 할머니를 처음 만났다. 이홍표 할머니는 마을 할머니들과 동아리를 만들어 투쟁 현장으로 일을 도와주러 오곤 했다. 당시 그곳 농부들이 바깥으로 투쟁하러 나가거나 송사에 휘말려 법원을 드나들 때 할머니들이 밭일을 하고, 그는 밥 짓는 봉사 활동을 했다. 밭일 끝낸 할머니들과 막걸리 마시고 소주 마시며 친해졌다. 홍표 할머니는 이후 현숙 농부가 투쟁에 지쳐 제주에 내려가 있을 때 전화를 걸어 '언제 올라오냐, 안 오냐' 물으셨던 분이다.

막걸리를 즐겨서 '막걸리 할머니'로도 알려져 있지만, 씩씩함이 대단해서 마을 청년들은 그를 '장군'이라고 부른다. 그는 서울에서 내려와 부용리 근처에서 촌 살이를 하는 청년들이 가장 되고 싶어 하는 할머니다. '할매력'에도 통 큰 스케일과 할머니 그룹을 이끄는 리더십으로 소개되었다.

"마을에 있는 일꾼들 다 모아서 오는 '오야지' 같은 분인 거죠. 대장! 근데 다른 데는 오야지가 전화 돌리고 이러니까 얼마씩 더 주는데, 그런 것도 하나 없이 대장 하느라 고생만 하시는 거죠."

김현숙 농부는 특히 할머니의 지혜로움과 큰 품을 강조한다. 부용리에는 '어르신 체험'이라는 문화 프로그램이 있다. '방과후 아동센터'에서 연결해 만든 프로그램으로, 부침개도 부쳐 먹고, 다식도 만들고, 산으로 나물도 캐러 가고, 메주도 쑨다. 수확 철이면 들깨를 털러 가기도 한다. 씨앗을 다 모았다가 사람들에게 나눠주는 등 지혜와 품이 큰 홍표 할머니는 이 어르신 체험 프로그램에서도 소문이 자자하다.

> "진짜 지혜로우세요. 산나물 체험하자고 애들 모이면 먼저 전부 다 뜯어다놓고 수업 준비를 해놓으시는 거예요."

> "지혜롭긴요, 배우질 못해서 쌍시러운 소리만 해요, 핵교도 못 갔어요. 옛날에…… 초등학교도 못 갔어요. 그때도 배우는 사람은 배웠는데……. 이름도 못 써요."

> "읽는 건 다 잘하세요. 간판도 다 읽으시고. 한글교실에서 진짜 열심히 배우셔서, 지금은 부의금 봉투도 직접 다 쓰시고…… 소원지[2]도 쓰시고."

> "우리 엄마두 배우진 못했어도 가르쳤어요, 동네 사람

들을…… 노인네들을……. 콩나물 대가리가 위로 가
면 9 자구, 밑으로 가면 6 자래요, 그렇게 배웠어요.”

“기억력이 어찌나 좋으신지 온 동네 전화번호를 다 외
우세요. 놀랍죠. 총기도 대단하시고…… 마음 품도 얼
마나 넉넉한지.”

“넉넉하긴 뭐가 넉넉해, 소갈머리 없지.”

이홍표 할머니는 품일 갈 때 다른 할머니들을 조직하는
일뿐 아니라 귀농한 청년들이나 젊은 부부들이 정착할 때
도움을 주는 일에서도 씩씩함과 배려심이 단연 으뜸이다.
김현숙 농부가 정착하는 데에도 이 두 할머니를 비롯한 마
을 할머니들의 지지가 컸다. 이것은 귀농을 결심한 다른 청
년들에게도 해당된다. 홍표 할머니는 방을 알아보는 도움
부터, 농사지을 때 무엇을 언제 심어야 하는지, 언제 갈무리
를 해야 하는지 등 구체적인 지침들을 알려준다.

“정착을 하면 의논할 데가 있다는 게 되게 중요해요.
편 들어주고…… 언제나 칭찬하세요. 보기에는 얼마
나 웃겼겠어요, 처음 농사짓는데. 그런데도 언제나 못
한다고 안 하고 어쨌든 잘한다고, 부지런하다고…….

내가 진짜 잘하나? 그런 생각이 들게 해주세요. 누가 어디서 들어와서 잘 못하면 흉볼 수도 있잖아요. 그런데 언제나 좋은 말씀만 하시니까."

홍표 할머니는 또 할머니대로 '엄지 척'을 하시며 김현숙 농부 칭찬을 하신다.

"데레사가 잘해요. 잘해요, 뭐든지. 데레사라면 이걸로 쳐요. (엄지 척) 씩씩하죠. 나갈까 봐 여기서 살라고 붙잡아요, 좋은 사람은 붙잡아야죠. 생전 같이 살았으면 좋겠어요, 나 죽을 때까지! 두물머리에서 만날 때는 이모라고 하더니 이제는 언니래요. 친구, 언니래요. 그래 더 젊어졌대요, 내가. 이제는 동상 같구, 친구 같구……. 막걸리 친구예요. 다정하죠. 언니라고 부르니 젊어졌지 더……!"

홍표 할머니는 '두물머리 활짝 협동조합' 팀 멤버들이 꾸린 한글학교 기초반에서 1년 동안 열심히 한글을 배우고 "졸업을 건강시리" 하셨다. '할매력' 프로젝트 때부터 가까이 지낸 이 젊은이들을 위해 할머니는 만두도 빚고, 보리밥에 된장찌개도 끓인다. 만나면 화투도 치고 우스갯소리도 하면서 같이 시간을 보낸다. 할머니는 젊은이들과 노니까

좋고, 젊은이들이나 농부들은 편하게 쉬고 기댈 수 있으니
좋다.

"누가 늙은일 그렇게 위해요? 아주 엄청들 위해요. 잘
해요."

"두물머리 농부들은 할머니 집에 가서 낮잠도 자요,
낮에 가서. 힘드니까 차에서 자기도 하고 그러거든요,
근데 이제는 할머니 집에 가서 밥 얻어 먹구, 소파에
서 낮잠도 자요. 다른 데서는 그런 거 어려워서 못하는
데."

홍표 할머니가 부르면 두물머리 농부들은 모두 일하다
말고 호미자루 던져두고 달려온다. 할머니의 아들들도 '유
기농 아줌마 아저씨들'을 고마워한다. '용문 데레사'라면
더더군다나 좋아한다.

"뭐하냐구 해서 데레사하구 술 먹구 있다 하면 좋아라
해. 일한다면 상이 찡그려진대. 근데 회관에서 화투한
다, 데레사하구 술 먹는다 그러면 기분이 그렇게 좋대,
논대니까."

홍표 할머니도, 승임 할머니도 멈추지 않고 밭일을 계속한다. 홍표 할머니는 이가 몹시 아파 씹지를 못하니 막걸리를 마시면서, 승임 할머니는 허리 통증이 심해 보행보조기에 의지하면서. 밭이 있으니 짓는 것이다. 자식들은 애가 타서 화도 내보지만 할머니들을 밭에서 떼어놓을 수는 없다.[3] 설득도 감시도 다 소용없다. 자식들에게 거짓말을 해가면서, 몰래 한다. 자식들이 제일 반기는 거짓말은 '데레사와 술 마시며 놀고 있다'다. 그만 한 알리바이가 또 없는 것이다. 홍표 할머니 자식들도 승임 할머니 자식들도 김현숙 농부와 그의 어머니에게 고마워한다. 가능한 잘하려 애쓴다.

귀촌한 여성 농부와, 그에게 밭을 빌려준 할머니, 그와 술친구가 된 또 다른 할머니는 입에 침이 마르도록 서로 칭찬하고 격려하며 존중하는 사이가 되었다. 김현숙 농부도 이제 60대에 들어섰다. 그는 자신보다 20년 넘게 인생을 더 산 어르신들과 자신보다 30여 년 어린 청년들 모두와 우정을 쌓으며 다양한 연령대가 서로 호혜적으로 연대하는 삶의 예 하나를 만들고 있다. 꽤 괜찮은 예다.

꿈은 참견하는 '어른' 할머니

인터뷰가 끝나갈 즈음, 김현숙 농부에게 어떤 할머니가 되

고 싶은지 물어보았다. 인터뷰를 하면서 이미 답을 들은 것이나 마찬가지지만 그래도 한 번 더 명료하게 듣고 싶었다.

"우리 할머니들 같은 할머니요! 할머니들의 후계자가 되고 싶어요. 틈틈이 다른 사람들 농사 도와주러도 다니고. '빚 갚을 때까지 다녀야지', 이런 말씀하시거든요. 아, 저 사람이 농사로 일어서는 걸 봐야지, 이런 마음. 이런 마음이 참 고마워요. 어디 가실 때는 하다못해 참도 갖고 가시고…… 보통은 주인이 주잖아요. 그런데 그런 것도 직접 가져가시고, 어떻게 사는지 궁금해서 물어보시고, 딸기 심어달라고 하면 그냥 심으면 되는데, 그 딸기가 잘 되고 있는지도 궁금해하시고 이런 거죠. 그 집의 아이는 어떤지, 농작물은 어떻게 되는지 다 참견을 하시거든요, 진짜 어른이죠. 품은 가지만 그리고 그 품값을 받지만 그 이상인 거죠. 그러면 그 농부들은 설날이면 세배 오고 세뱃돈도 드리고 그래요. 그런 대접을 받는 어른들은 많지 않거든요. 품이 넓으신 거죠, 비빌 언덕처럼. 여기 와서 농사짓는 일이 저 혼자 아무리 잘난들 되겠어요, 절대 안 되죠."

품이 넓은 어른들한테 기대고 배우고 하면서 그는 하루하루 농부가 되어왔다. 이 글을 쓰노라니 30년 내내 같은 작물을 농사짓는다 해도 30번 지어본 것에 지나지 않으니 늘 겸손해야 한다는 말이 새록새록 되새겨진다. 따라다니면 '떡도 나오고 밥도 나오는' 언니 할머니들. 김현숙 농부가 부용리에서 이 언니 할머니들과 함께, 할머니들 곁에서, 꼭 '언니들만' 같은 '어른' 할머니가 되길 진심으로 희망한다.

독거노인의 집에서
우리의
노년기를 엿보다

서울 성북구 고령친화 맞춤형
주거관리 서비스 사업단

김진구

노인들의 생활 세계를 감지하다

열여섯 명의 청년들이 140시간 이론 교육과 160시간 현장 실습 및 실제 개조 작업 교육을 받고 '독거노인들'의 집으로 갔다. 교육은 노인학을 포함한 인문사회학, 복지, 주민 상담, 주거 실태조사와 분석, 주택 개조 기술 등 스펙트럼이 넓었다. 청년들에게는 일자리를, 노인들에게는 생활 공간의 안전과 편안함을 제공하자는 성북구 복지 프로그램의 일환이었다. 일명 '성북구 고령친화 맞춤형 주거관리 서비스 사업'.[1] 2019년 시작해 2년간 시범 사업으로 진행되었다. 지역의 65세 이상 고령자 가구(기준 중위 소득 80퍼센트 이하 가구)를 대상으로 시행된 이 시범 사업에서, 청년들은 그동안 20개 동 주민센터가 추천한 255가구를 꼼꼼하게 '손봐 드렸다'. 사업단을 이끈 단장 김진구를 만나 뉴스에 꽤 자주 등장했던 이 사업의 속내를 들어봤다.[2]

서비스의 기본 원칙은 노년들의 신체적·정신적·심리적 불편이나 장애를 중심에 두고 가구나 주거 공간의 적합성을 살피는 것이다. 이에 따라 싱크대의 높이를 낮추고 수도 꼭지를 사용하기 편리한 위치에 설치한다. 수납장 높이를 조절하고 문턱을 없애며, 화장실과 방에 안전 손잡이를 설치한다. 화장실의 미끄럼 방지 조치도, 복도와 계단에 보행 안전 손잡이를 부착하는 것도 놓칠 수 없는 일이다. 청소와 정리 수납, 방역 서비스 역시 주요 작업이다. 김진구는 전담 관리자로서 이 개조 사업의 지휘를 맡아왔다. 그동안의 경험을 살려 그는 '에이징 인 플레이스^Aging in Place'라는 법인을 설립했다. 시범 사업이 끝나도 저소득층 독거노인들의 주거 개조는 앞으로도 어떻게든 계속되어야 할 중차대한 사회적 과제라고 생각했기 때문이다.

'독거노인들'의 인생 안으로 들어가다

김진구는 사회복지에 관심이 많아 서울주택도시공사^SH에서 근무하다 도시재생 관점에서 쪽방을 연구했다. 이 두 영역에서 쌓은 관심과 경험이 그가 맡은 '전담 관리'의 토양이다. 노인들의 입장과 시공에 참여하는 청년들 사이에서 '다리' 역할을 하는 게 그의 일인데, 쉽지 않다. 현관과 베란다를 가득 채운 박스들과 조각난 물건들, 여기저기서 출몰하는 바퀴벌레들, 심한 악취에 발 디딜 틈 없이 바닥을 채우고 있는 쓰레기들. 이런 집에서는 거의 모래처럼 깔린 담뱃재와 꽁초들 때문에 신발을 신고 들어가야 한다. 드물지만 대소변이 널브러져 있는 집도 있다. 경도 인지장애가 있는 분의 경우다. 이런 "진저리쳐지는" 현장에서 뒷걸음치는 청년들도 챙겨야 하고, 청년들의 눈에는 전혀 쓸모없는 물건을

'절대로 못 버린다'고 강하게 고개를 젓거나, '내가 다 알아서 한다'라거나 '그건 왜 하는데?'라며 시큰둥한 노인들의 심리 상태도 최대한 존중해야 한다. 무엇보다 노인들의 태도에 섣불리 반응하면 안 된다. 시간과 마음을 들여 그분들의 삶을 조금이라도 이해하는 게 먼저다.

'현장'에서 보낸 지난 2년여 동안 그는 거주·생활 공간을 고친다는 것은 거주·생활하는 사람의 인생 안으로 들어가는 일이라는 것을 배우고 깨달았다. 단순히 구조물 차원에서 이것저것 개조하거나 수리하는 것뿐 아니라 노인들의 행동 양태, 습관, 살아온 삶의 내력 등을 알게 된다. 아니, 알아야 한다. 그래야 '제대로' 개조하게 된다. 어떤 부분이 불편하신지 여쭈면 '몇 살 때 사고가 났다', '무슨 병을 앓았다' 등등 자연스럽게 가족사나 인생사가 나온다. 이야기를 들으면서 '아, 그러면 이런 부분으로 배려해야겠다'는 감각이 생긴다. 이런 감각을 바탕으로 '이건 평소에 어떻게 이용하세요? 한번 걸어가보시겠어요?'라고 부탁드리면 보다 구체적으로 '장애disability'의 부분이 드러난다. 벽을 짚고 걷거나, 문틀을 잡고 방을 나가거나, 복도에 있는 화장실에 갈 때 가스 배관을 잡는다거나 하는 평소의 움직임이 나타난다. 본인은 의식하지 못하는 이런 몸의 움직임이 '불편'의 지점을 가시화한다. 몸의 불편함은 몸으로 살아낸 삶의 생애사와 집안의 구체적인 구조물과 밀접하게 연결되어 있다. 이 모든 것을 고려해야 최적화된 행동 지원 솔루션이 나온다.

노인 돌봄 생활지원사로 독거노인의 일상을 살폈던 최현숙의 장편소설 《황 노인 실종사건》에도 이와 관련된 구체적인 장면이 여럿 나온다. 평생 몸 쓰는 일을 쉬어본 적이 없는 여든 넘은 노인들의 몸과 거처는 이웃과의 친분 관계에도 결정적인 영향력을 행사한다. 한 장면만 인용해보자. 삼총사라 할 만큼 자주 모였던 세 할머니, 황문자·지희수·이경혜가 더 이상 모이지 못하게 된 이야기다. 아마도 김진구가 손봤던 독거노인들의 임대주택은 《황 노인 실종사건》의 독거노인들이 사는 거처보다는 한결 살 만한 것일 수도 있다. 그러나 홀로 사는 빈곤 노인과 그 거주지, 친분 관계 등의 연관에 있어선 크게 다르지 않을 것이다.

세 사람 다 5분 거리로 가까이 살았고 이 할머니가 사람 부르는 걸 좋아해 그 집에서 자주 모였다. 두 명만 더 부르면 노인들의 사회관계를 위해 월 1회 여는 '생활 모임'도 만들어져서, 미경도 이 할머니 방을 애용해 왔다. 지난겨울 감기로 시작해 급성 폐렴까지 갔다가 겨우 살아 돌아오기는 했지만, 그러느라 누가 봐도 놀랄 만큼 팍 늙었다. 그런데다 지난 8월 2번 출구 인근 골목 안으로 이사를 했다. (…) 그 방은 미경이 담당하는 다른 할머니가 "너무 더워서 쪄죽을 거 같다"며 급히 이사 나간 방이고, 이 할머니도 이미 알고 있었다. 현관문 없이 안채에 붙어 있던 방을 셋방으로 개조하느라 골목 쪽 벽에 현관문을 뚫었고, 안채 쪽으로 작은 창이 하나 있다. 부엌이 없고 방 한쪽에 가스레인지와 싱크대가 있다. 세탁기는 좁은 마당 한 귀퉁이로 나왔고, 그 옆에 간이 화장실을 가져다놨다. 같은 돈으로 동네를 뜨지 않으려니 훨씬 나쁜 방을 얻은 거다. (…) 이전 방은 부엌 마루가 따로 있어 사람 모이기도 좋았고 꿈지럭거리며 끓여 먹는 재미가 있었는데, 이 방에서는 여름 동안은 가스 켤 엄두를 못 낼 것 같단다. 전에 살던 방에서는 뭐를 잡고 무릎을 세우고 뭐에 삐대서 마저 일어나는 게 몸에 차악 붙었는데, 여기는 좁아터진 데다 몸이 설어 자꾸 자빠지고 부딪힌단다. (…) 3번 출구 쪽 할머니들 무릎 사정도 비등비등해 어쩌다가 황문자나 한번 오지, 아무도 놀러 오지 않았다. 이경혜는 이사 후 골목 바깥으로 거의 나오지 않고, 대문 앞에 낡은 의자 하나를 주워다 놓고 저물녘에 나와 앉아 있는 게 외출의 거의 전부다.[3]

홀로 사는 여성 독거노인은 끼리끼리 모여 꿈지럭거리며 뭔가 끓여 먹는 걸 즐긴다. 함께 김치도 담그고, 부침개도 부쳐 먹고, 때가 오면 호박죽이나 팥죽도 끓인다. 그러다 고

스톱도 치고, 졸리면 다른 노인들이 화투 치는 소리를 들으며 쓰러져 잠이 들기도 한다. 이때 필수적인 게 몇 사람이라도 모여 몸을 꿈지럭거리거나 둘러앉을 수 있는 공간이다. 여기에 주거 개조 덕분에 골병 든 무릎을 일으켜 세우는 일이 쉬워진다면 더할 나위 없이 좋을 것이다.

불편도, 편함도 배워서 알아야 할 지식

대략 5, 6회 정도는 방문해야 마무리되는 개조 작업에서 관계 형성의 '과정'은 결코 무시할 수 없는 주요 요소다. 처음에는 큰 기대 없이 시큰둥하던 노인들은 몸으로 직접 편리함과 안전을 체험할 때 도움의 실질성을 느끼고 놀라워하며 기뻐한다. 이제까지 인지하지 못하던 다른 불편한 것들을 찾아내 고쳐달라고 적극적으로 연락하기도 한다. 김진구는 이것을 교육의 과정이라고 부른다. 무엇이 불편한지, 편한 게 어떤 건지 '모르던' 노인들이 차츰 불편한 것과 편한 것 사이의 차이를 확실히 구별하게 되고, 그 '앎'을 토대로 더 편하고 더 안전한 것을 추구하게 된다는 것이다. 이것은 '포기하지 않는' 태도, 앉고 눕고 씻고 조리하고 먹는 공간을 계속 '관리'하는 습^習과 연관된다.

"어르신들은 처음 만났을 때는 대부분 불편을 느끼시지도 못하고, 개선을 고민하는 건 더더욱 못하세요. 애초에는 뭐가 불편한지, 이 안전 손잡이가 왜 좋은지 모르세요. 이런 걸 왜 자꾸 한다는 거지? 하시죠. 그런데 써보니까 편하신 거죠. 신기하신 거죠. 그러면 고쳐주는 청년들 입장에서도 '이제 잘 쓰시고 편안함을 알게 되시니 기분 좋다, 정확하게 필요한 걸 해드렸구나' 싶어 뿌듯하고요. 저희들 입장에선 본인들이 고민을 해주시면 좋겠다, 많이 깨달으시면 좋겠다, 포기하지 않으시면 좋겠다…… 그런 게 있죠. 어쨌든 낡았지만 따뜻한, 사람 손길이 느껴지는 집들이 있어요. 아주 간혹 그런 집이 있는데, 관리가 느껴지는 그런 집에서는 지역사회와의 연결도 느껴져요."

불편한데 불편한 걸 '알지' 못하는 독거노인들의 경우, 그 불편함을 '알아차리는' 것이 시공을 하는 청년들에게도 하나의 과제다. 애초 시공 계획에 포함되지 않았던 일들이 바로 이 '알아차림'을 통해 가능해지기도 한다. 언론에도 소개되었던 임대아파트의 은 할머니 사례를 보자. 은 할머니는 79세고, 한쪽 다리에 의족을 하고 있다. 10평 남짓인 은 할머니 집에서 청년들은 구조물에 맞게 기본 안전 시공을 했다. 베란다와 방 사이 문을 다시 달기. 베란다에 쌓인 짐들을 철제 수납장에 정리하기. 썩어가는 베란다의 나무 바닥을 덜어낸 다음 청소와 방역하기. 고장 난 먼지 덩어리 버티컬을 떼어내고 창문에 단열 시트지 붙이기. 주요 이동 통로에 안전 손잡이를 설치하고 화장실에 미끄럼 방지 매트와 거치식 안전 손잡이 설치하기. 시공은 여기서 끝날 수도 있었다. 그런데 개선책 하나가 '더' 마련되었다. 현관에 의자를 하나 놓는 것이었다. 시공이랄 것도 없는, 오히려 아이디어에 속하는 이 단순한 조치가 의족을 하는 할머니에게는 '정말 필요한' 변화였다.

"가만히 보니까 할머니가 현관에서 신을 신고 벗으시려면 동작이 되게 복잡해지는 거예요. 뒤로 가서 앉으셨다가 신 벗고, 신고 다시 벽 잡고 일어나시고…… 그때 생각했죠. 여기 의자 하나만 놓자. 의자 하나만 놓으면 다 해결이 된다. 의자 하나로 이제 할머니는 너무나 편해지신 거예요."

의족을 한 할머니의 집 현관에 의자 하나 놓기. 단순하기 그지없는 이 일은 그러나 실제로도 상징적으로도 매우 중요하고 의미심장하다. 의족을 한 할머니가 외출하려고 신발을 신을 때나 외출에서 돌아와 신을 벗을 때 그게 얼마나 불편한지, 그로 인해 집 밖과의 연결이 얼마나 방해받을 수 있는지 '알아차린' 감각을 강조하지 않을 수 없다. 그가 할머니의 고통이나 불편에 더 섬세하게 반응하는, 남다르게 특별한 감각을 가졌다는 말이 아니다. 타인의 고통에 반응하는 감각은 어느 정도 우리 모두에게 있다. 그런데 그 감각이 발현되기 위해 꼭 필요한 접촉이나 관찰, 곁에 있기 등이 점점 더 사라지는 게 현실이다. 이것을 강조하고 싶다. 신체 손상을 경험해본 적이 없는 건강한 30대 청년 김진구가 의족을 한 79세 할머니의 '불편'을 알아차리고 '의자 하나'로 그 불편을 해소할 수 있었던 것은 할머니가 신을 신거나 벗는 장면을 여러 번 목격하면서 그 불편함을 직접 느꼈기 때문이다. 의자 하나 놓는 그 단순한 것을 생각하지 못해서, 은 할머니는 얼마나 오랜 세월 불편함을 '알지 못한 채' 불편하게 살아야 했을까.

많은 노인이 '안 아픈 데가 없는 몸뚱이'에 관해 이야기한다. 크고 작은 통증으로 '안 아픈 데가 없는' 몸으로 살고 있지만 이 몸이 날마다 겪는 '불편'은 필연이 아니라는 것, 의외로 쉽게 해소될 수도 있다는 걸 모른다. 김진구가 말하는 '교육'이 필요한 상태인 것. 교육은 그러나 언제나 대화와 관계 속에서 가능하다. 혼자 산 지 오래된 노인들이 스스로 알아서 편한 일상을 찾아 나설 수 있을까? 더구나 혼자 살기 이전에도 몸의 불편을 불편으로 알아차리고 그 해소를 주장하기에는 먹고사는 일이 항상 힘겨웠던 노인들이라면 이것은 더욱 어려울 것이다. 김진구처럼 노인들의 삶에, 그 구체적인 현장에 함께하는 다른 연령대의 주민들이 있어야 할 이유다. 독거노인을 비롯한 노인들의 삶이 숫자로만 제시되거나 고립과 비참함의 전시로 반복될 때, '의자 하나'가 함축하는 쌍방향 교육은 일어나지 않는다. 안타까운 마음으로 노인들을 향해 편안하고 안전한 삶, 포기하지 마세요!'라고 제안하는 것은, 교육에 동참하겠다는 의지 표명이기도 하다. 접촉면이 넓어질수록 이 동참 의지도 분명해질 것이다. 관계가 구체적으로 될수록 노인들의 삶의 질이 청년인 자신들의 미래뿐 아니라 현재 삶의 질과 무관하지 않음을 알게 될 것이다. 노인들의 삶의 질이 자신들의 생애사적 삶의 기획과 상상에 무시할 수 없는 영향을 끼친다는 것을 더 많은 청년이 깨달을 수 있도록 지자체 단위나 지역사회 단위의 세대 간 접속 프로그램이 더 활성화되기를 기대한다.

"아니, 사무실 번호 말고 개인 번호 다오!"

독거노인이라지만 여성이냐 남성이냐에 따라 생활 공간의 상태나 집 고쳐주는 청년들을 대하는 태도가 매우 다르다. 할머니들은 독거하고 있지만 집 밖 활동이 많아서 고립이나 외로움에 덜 고통받는다. 몸이 웬만한 할머니들은 복지관과 공원 나들이가 잦고 친구들과 만나 노니는 일도 빈번하다. 몸이 매우 불편한 할머니들은 대문 앞 의자에 앉아 동네 할머니들과 이야기꽃을 피운다. 김진구는 할머니들의 집 대문 앞에 종종 놓여 있는 의자에 점차 주목했다. 그 의자가 할머니들의 활발한 집 밖 생활, '사교 생활'의 증거라는 것을 곧 알게 되었다. (앞에 인용한 《황 노인 실종사건》의 독거노인 이경혜 역시 다른 곳으로 이사 가서 외로운 참에 대문 앞에 의자 하나 놓고 앉아 있다. 적어도 집 바깥과 몸을 연결하는 시도다.) 이런 분들은 호기심도 마르지 않아 '그게 뭔데? 고치면 어떻게 되는데?' 하고 질문도 많다. 안방에 설치한 안전 손잡이 덕분에 앉고 일어서기가 편해지자, 다른 곳에도 달아줄 수 있느냐고 묻는다. 일이 마무리되었을 때 전화번호를 달라고 요청하기도 한다. 조금씩 형성된 관계가 일정한 과정을 거쳐 할머니에게 적극성을 부여하게 되는 거다.

"그 할머니는 수급자셨어요. 반지하에 월세로 사셨는데…… 보증금 300에 월세 20 정도? 집에 가보니 불도 안 들어오고, 등이 많이 굽으셨는데 싱크대도 본인 키보다 높고, 집도 경사진 언덕에 있어서 올라가기 매우 힘드실 텐데 안전 시설도 하나 없었어요. 그런데도 시큰둥하신 거예요. 왜 그러시지? 했는데 '어차피 남의 집인데, 고쳐봤자 집주인만 좋은 일 시키는 거 아니냐'라고요. 그래도 지금 당장 사는 데 불편하시잖아요, 이런 거 필요하실 거예요, 하면서 고쳐드렸죠. 그랬더니 좋아하시면서 그다음부터는 '지금 고치는 게 뭐냐, 어떻게 고치냐' 물어보고 확인하고 하시더라고요. 그다음엔 생활할 때 불편한 걸 도와달라고 부탁하시고. 올해 재난지원금 받을 때는 서류를 쓱 내미시며, '이거 어떻게 쓰는 거냐, 까막눈이라 못 쓰겠다' 하셔서 주민번호, 전화번호 물어 해결해드리니 너무 고맙다 말씀하셨어요. '이걸 버리고 싶은데 폐기물 신고 어떻게 하는지 모른다' 하셔서, 제가 신고해드린다고 하고 쓰레기 버려드렸고……. 그러더니 그다음엔 전화번호 하나 달라 하시는 거예요. '잘못 걸렸다, 피곤하겠다' 하고 살짝 걱정됐죠. 처음에 사무실 전화번호를 알려드리니까 '아니, 사무실 번호 말고 개인 번호 다오' 하시는 거예요. 어쨌든 알려드렸죠. 그랬더니 며칠 후 전화하셔서 '이 안전 손잡이 너무나 편하다. 이거 몇 개만 더 달아줄 수 있냐' 하셨어요. 안방에 설치했거든요. 기립할 때 잡고 일어나시게요. 그래서 현관 쪽에도 달아드렸어요. 몇 주 뒤에 다시 전화하셔서는 '김치찌개 해줄게, 먹으러 와라, 내가 고기 반찬은 못 해주지만 김치찌개는 맛있게 잘 해줄 수 있다'고. 그래서 가서 먹

현관에 의자 하나 놓는 것. 시공이랄 것도 없는,
오히려 아이디어에 속하는 이 단순한 조치가 의족을 하는
할머니에게는 '정말 필요한' 변화였다.

기도 하고. 그렇게 가끔 전화하셔서 '불편할 거 없으니 놀러 와라, 왜 안 놀러 오냐' 하세요. 바빠서 자주는 못 가고 그동안 두세 번 찾아갔어요. 대단하게 한 상 차려진 건 아니지만 할머니가 진심으로 차린 거니까 좋았죠. 작년에도 이런 게 몇 건 있었어요. 고기 구워주신 경우도 있고……."

통상 독거노인들은 자식이 있어도 뭔가 사정이 있어 만나지 못하거나, 멀리 살아 못 보거나, 수급을 위해 일부러 왕래를 안 하며 살거나 한다. 집을 고쳐주러 간 청년들은 말 그대로 불편한 걸 해결해준다. 얼마나 기특하겠는가! 할머니들이 이럴 때 제일 먼저 떠올리는 게 '밥해줄게'다. 기특한 손주에게 밥해주듯 사정이 되면 고기도 굽고, 그렇지 않으면 김치찌개를 끓인다. 이 서슴없는 '밥해줄게'에는 저소득층 노인의 사회생활 실천과 능력이 농축되어 있다. 자식에 남편에 시부모까지, 식구들 먹고사는 걸 몽땅 책임지며 살아온 그동안의 사적·공적 삶의 주문呪文 같은 것이다.

남성 독거노인들, 이렇게 산다

김진구가 청년들을 이끌고 집을 개조해준 독거노인 대부분은 할머니들이다. 거의 80~90퍼센트에 이른다. 여성이 남성보다 오래 살기에, 남성들은 배우자의 돌보는 손길 아래서 생을 마감할 확률이 높기 때문이다. 숫자로는 적지만 김진구가 경험한 독거 할아버지들은 나이 든 한국 남성이 열악한 경제 환경에서 어떤 모습이 되기 쉬운가를 다소 극단적인 양태로 보여준다. 이들의 집안 풍경은 '자기 돌봄' 능력이 전무全無한 사람의 생활 공간이 얼마나 황폐해질 수 있는가에 대한 전시 같다. 그러나 남성 독거노인들이 이해하기 힘든 건, '이 집을 꼭 고쳐줘야 하나'라는 생각이 들 정도로 집이 최악의 상태이기 때문만이 아니다. 거주 공간을 개조하는 과정에서 그들과의 소통을 가장 어렵게 만드는 건 그들이 개조 자체를 바라보는 태도와 일상을 사는 방식이다. 그야말로 "할 말은 많지만 다 할 수 없을" 지경으로 집이 엉망진창인데, 정작 본인들의 외모는 때론 닥스DAKS 셔츠에 바지를 차려입을 정도로 '그럴듯하게, 멀끔하게' 꾸민다. 불이 안들어오는 전등이나 낡은 문고리 등을 손봐준다고 하면 '내가 할 수 있다'며 고집 세게 거부 반응을 보인다. 집 밖 출입이 거의 없으며, 친구를 만나는 일도 없다. 집에 온 청년들이 해주는 일에 처음부터 끝까지 그저 시큰둥할 뿐이다. 관계 형성은 전혀 일어나지 않는다. 남성 독거노인들을 가까이 관찰하면서 김진구는 미래의 자기 모습을 앞당겨 보게 되었다.

"제가 남자여서 그런지 몰라도 특히 할아버지들을 보면서 많은 것을 느껴요. 이분들이 나의 미래일 수 있다, 하니 남다르게 보이더라구요. 할아버지들은 정말 할머니들과 달라요. 아, 이분들은 옆에 가족이 없으면 안 되는 건가……. 어떤 일이 있어도 가족은 해체되면 안 되는 건가……. 할머니들은 아무리 경제 사정이 나빠도 건강이 허락되는 한 정말 사회 활동을 열심히 하시거든요. 할아버지들은 무기력하고 고독해요. 젊을 때는 분명 사회생활도 열심히 하셨을 텐데, 무슨 이유에서인지는 몰라도 하나같이 가족들도 안 찾아오고, 소통하는 이웃도 없어요. 저희가 가도 반가워하지 않으시고 '아니 그거 안 해도 돼', '하지 마, 하지 마', '아직 건강해', '아직 괜찮아, 하지 마' 계속 이러시는 거예요. 본인이 늙었다는 걸 아직 인정하고 싶지 않고, 다른 젊은 남자의 도움을 받는다면 그건 남자로서 자존심 상하는 일이라고 여겨요. 그러면서 스스로를 전혀 돌보지 못하세요. 나도 나중에 늙어서 스스로 돌보지 못할 때가 있겠지, 생각하면 슬퍼지는 거예요. 그래서 '지금 알고 지내는 사람들, 같이 있는 사람들에게 잘해야겠다, 잘 지내서 주욱 같이 가야겠다'라는 생각을 하게 되죠."

기준 중위 소득 80퍼센트 이하 독거노인 가구를 대상으로 거주지를 개조하면서 김진구는 어렵게 사는 노인의 경우 자녀 역시 어렵게 살고, 그래서 관계가 더 쉽게 끊어진다는 사실을 확인했다. 언론을 통해 무감각해질 정도로 자주 듣는 이야기지만 모든 관계가 단절되다시피 한 남성 독거노인을 직접 만나 보니, 이게 결코 사소한 일이 아님을 알게 되었다. 한국 사회에서 남성이 노년기에 이르기까지 맺는 이런저런 관계의 피상성도 진지하게 다시 생각하게 되었다. 그럴수록 누구에게든 '만나면 기분 좋은 사람'으로 남는 것이 노인의 일상에 얼마나 중요한 일인지 골똘히 생각하게 되었다. 집의 내부를 편안하고 안전하게 고치는 것은 집 밖 활동을 원활하게 하기 위함이다. 그리고 집 밖 활동은 사람과의 만남이고 관계다. 혼자 사는 집 안도 그런 의미에서는 이미 '사회적 공간'이다. 경제 조건은 제 맘대로 바꿀 수 없더라도 자기 자신을 돌보고 집을 돌봄으로써 자신과의 관계가, 다른 사람들과의 관계가 말라비틀어지지 않게 지키는 것은 가능하지 않을까. 그래야 '살던 곳에서 나이 들기Aging in Place'가 가능하지 않을까. 남성 독거노인들이 '서로 돌봄'이나 '함께 돌봄'까지는 아니더라도 '자기 돌봄'의 기술만큼은 어떻게든 습득할 수 있는 방향으로 한국 사회가 전환해야 한다.

이 전환 내지는 전회의 시급함을 알리는 통계들이 적지

않다. 늘어나는 황혼 이혼도 깊이 살펴야 할 문제지만, 더 날것의 경종은 고독사에서 '50대 남성'이 가장 많은 비율을 차지한다는 현실에서 울린다. 20대부터 80대까지 전 연령에서 전체적으로 고독사는 남성의 문제 내지는 현상이라고 할 만큼 남성에게서 두드러진다. 보건복지부가 발표한 "2022년 고독사 실태조사"에 따르면 고독사는 2017년부터 2021년까지 5년간 연평균 8.8퍼센트씩 늘고 있는데, 남성 숫자가 여성 숫자보다 4배 이상 많다. 2021년에는 그 격차가 5.3배로 벌어졌다. 50대가 가장 많고 그다음을 60대가 따르는데, 50대와 60대를 합치면 58.6퍼센트, 모두 1760명이다.[4] 50대 남성이라면 은퇴와 관련해 정체성에 혼란을 겪는 문제와 관련될 것이다. 직장인·노동자 정체성이 '자기 이해'의 주축을 이루는 대다수 남성은 일터를 떠나야 할 때 역할 상실로 인한 급격한 단절과 소외를 겪을 확률이 높다. 더구나 '노년 되기'의 사회문화적 맥락을 평소에 생각해보지 않았던 남성이라면, 이것은 다른 새로운 것을 향한 이행의 기회가 아니라 일종의 사회적 낙인으로 감각될 수 있다. 그러니 적응도 어렵고 방황도 길어지기 마련이다. 남성들이 겪게 되는 황혼 이혼이나 고독사는 같은 배경과 맥락에서 발생한다. '자기'를 경제·계급뿐 아니라 젠더나 지역, 문화 활동, 성 정체성, 종교 등 다양한 요소들이 교차하는 맥락 속에서 다중적으로 구성되는 정체성으로 이해하는 관점이 필요하다. 그리고 이 자기 이해에서 출발해 자기와 타인을 돌보는 역량을 키워야 한다. 특히 중요한 것은 이 역량이 몸에 밴 습관이 되도록 날마다 실천하고 수행하는 훈련이다. 사회가 신자유주의 체제에 완전히 먹힐 정도로 사회적인 것, 즉 신뢰와 협업, 연대의 연결망이 사라질 위험에 처해 있다고 해도 몸에 밴 돌봄 습관이 있으면 버티고 지킬 수 있다. 왜 고독사가 이토록 젠더화되어 있는지 진지하게, 곰곰이 성찰해볼 시점이다.

세대를 넘는 소통을 꿈꾸며

인터뷰가 끝날 때쯤 김진구에게 노인이 된 자신을 상상해본 적이 있느냐고 물어보았다. 페이스 앱으로 늙은 자기 모습을 만들어 보면서, '뭐야, 이게 늙은 진구로구나' 했다는 그에게 어떤 할아버지가 되고 싶은지, 누구와 어디서 무엇을 하며 살 것 같은지 물어보았다.

"저는 아이들을 정말 좋아해요. 막연하지만 케어 팜care farm을 운영하면 좋겠다는 생각을 해봤어요. 경도 인지 장애 노인들하고 버섯 같은 것도 같이 키우고, 무엇보다 아이들이 부모들과 같이 와서 캠핑도 하고 농장 체험도 할 수 있는 그런 곳이요. 작게라도 그런 케어 팜을 운영하면 어떨까 싶어요."

아이들을 좋아하고 노인들이 일상에서 자립과 안전을 누리도록 돕는 그는 한국 사회가 절실히 필요로 하는 세대 간 다리다. 아이도 노인도, '나'도 지금 이 사회를 동시에 구성하고 있는 성원이라는 감각, 이 감각이 그에게서 돋보인다.

"공통된 경험이 세대를 만들고 그래서 세대 간 구분이 있긴 하지만, 개인 간 소통이 세대의 한계를 넘을 수 있다고 생각해요. 상대방을 이해하려는 개인이 있는가 하면, 내 말이 무조건 옳다고 우기는 개인이 있잖아요. 나도 늙을 건데, 내 미래를 생각하면 당연히 그런 소통에 투자해야 하지 않을까요? 구분해서 보지 말고 순환으로 봐야겠죠. 그분들이 편안하게 살아갈 수 있는 환경을 만들어주는 게 먼저죠. 요즘 혼란스럽기는 해요. 너무 자극적인 것들만 듣고 보게 되는 건 문제인 것 같아요. 그래도 유튜브 같은 게 있으니 다행 아닌가요? 세대는 다르지만 비슷한 성향이나 의견을 가진 사람들이 서로 상대방의 이야기를 해줄 수 있을 것 같아요. 젊은 사람 이야기를 해주는 노인들, 노인 이야기를 해주는 젊은 사람들 말이에요. 복지 영역에 있어서 그런

가. 선배들과 이야기하다 보면 그쪽으로 좋은 생각을 가진 분들도 많아요."

지금 자기 주변에 있는 사람들과 좋은 관계를 유지하며 함께 늙어가고 싶다는 그와 헤어지며, '사람이 장소'라는 생각을 떠올렸다. 살던 곳에서 늙어간다는 건, 무엇보다 사람 사이에서 늙어간다는 것. 그러기 위해 '관계 가꾸기'를 꾸준히 하는 것이다. 김진구 처럼 '판단은 최대한 하지 말자'라는 원칙을 지키며 일상의 터전에서 노인과 접촉하는 젊은 이들이 더 많아지길 희망한다. 세대 간 갈등이니 전쟁이니 하는 이야기는 편협하고도 이기적인 이해관계에만 집중하는 특정 정치인이나 자본가의 게임 논리에 지나지 않는다는 걸[5] 접촉의 경험을 통해 꿰뚫어보는 시민들이 늘어나기 위해선 다양한 아이디어와 기획의 도모가 필요하다.

나는
'신'을 돌보는
요양보호사입니다

요양보호사

이은주

'신神들'을 돌보는 요양보호사

어쩌면 그녀를 마지막으로 돌볼 요양보호사가 내가
될지도 모르겠다는 생각에 기저귀 가는 일이 애틋해
졌다.[1]

이은주의 책 《나는 신들의 요양보호사입니다》에는 읽기를
멈추고 상념에 잠기게 되는 부분이 적지 않다. 위에 인용한
문장이 그중에서도 특히 내 심장을 건드린 것은 열악한 요
양원에서 기저귀 케어가 무엇을 의미하는지, 어떤 방식으
로 행해지는지 알기 때문이다. '치매' 증상이 점점 더 심해
지는 엄마 덕분에 여러 해 동안 요양병원과 요양원을 드나
들었던 나로서는 저런 말을 하는 요양보호사가 있다는 사
실만으로도 울컥한다. 환자를 돌본 경험이 있는 사람들은
환자의 용변 보조가 특히 힘들다고들 말한다. 특히 몸을 가
누기 힘든 노년의 경우, 용변 보조는 처져서 무거워진 몸을
잘 들어 올리고 옆으로 뉘고 앉히고 휠체어로 옮기는 등의
특정 기술과 관련 있다. 많은 간병인이 호소하는 근골격계
질환도 이 일로 발생한다. 이에 대해서는 뒤에서 좀 더 상세
히 언급할 것이다. 부모를 요양원으로 모시게 되는 시점도
용변과 상관이 있다. 더 이상 스스로 용변을 처리할 수 없게
될 때 당사자든 수발자든 요양원을 진지하게 고려하게 된

다. 요양원을 드나드는 시간이 길어질수록 나는 와상 환자나 치매 환자의 경우 기저귀 케어가 요양원 케어의 핵심 중 하나라는 사실을 거듭 확인했다. 그동안 이것에 대한 문제 제기가 많아, 이제는 적어도 하루에 다섯 번 정도 기저귀를 교체해주는 요양원이 대부분이지만, 엄마가 2017년 돌아가실 때까지의 상황은 열악했다. 마음과는 달리 요양보호사도 어쩔 수 없게 만드는 열악한 노동 환경은 충분한 기저귀 케어를 비롯한 '좋은 돌봄'을 하지 못하게 했다.

2008년 노인장기요양보험 제도가 도입된 이래로 수많은 요양원이 생겼지만, 이 '기저귀 문제'는 여전히 뜨거운 감자다. "기저귀 하루 7번 교체, 욕창 없는 요양원…… 그러나 대기 노인만 1313명"이라는 《한겨레》(2019. 6. 5.)의 기사 제목은 한국 사회 요양원의 현실을 압축적으로 드러낸다. 하루 일곱 번 기저귀 교체가 가능한 공공 요양 기관은 전체 요양 시설의 1.1퍼센트에 불과하다. 그게 대한민국 요양 보호의 현실이다. 하루 세 번, 혹은 다섯 번과 일곱 번의 차이, 이 간극에 요양원 입소를 피할 수 없는 노년들은 좌절한다. 요양보호사 일을 '성심성의껏' 하고 싶은 요양보호사들 역시 좌절한다. 이은주의 《나는 신들의 요양보호사입니다》는 이 좌절 속에서도 지켜내려 애쓴 '요양보호사의 자존심과 윤리적 돌봄 실천'의 기록이다. '그럼에도 불구하고'의 다짐과 '애틋함'의 정서, 고군분투의 땀방울이 책 곳곳에 스며 있다. '고군'분투라 한 것은 묵직하게 자리 잡고 있는 회의와 견디기 어려운 고립. 그리고 우울 때문이다. 특히 죽음의 문턱에 다다른 사람의 마지막을 지키는 일은 다짐만으로는 감당할 수 없을 만큼 힘겹다.

언제부터 허세로 무장한 어른이 되었는가? 난 괜찮다고, 아직은 견딜 만하다고 말해왔지만, 그대로 주저앉고 싶을 땐 두 손으로 얼굴을 감싼다. (…) 매일 죽음과 대면한다는 것은 생각보다 마음을 지치게 한다. 나이 든 여자에게는 3교대 근무 노동의 강도가 과하다. 이 모든 것을 대수롭지 않게 외면하고 살다가 갑자기 피로가 몰려들면 지구 밖으로 내동댕이쳐진 기분이 든다. 홀로 우주를 떠돌다 소혹성의 파편에 부딪쳐서 데굴데굴 굴러다니는 나를 어떻게 하면 다시 지구 안으로 데리고 올 수 있을까.[2]

얼마나 많은 요양보호사들이 '지구 밖으로 내동댕이쳐진' 기분에 빠지곤 할까. 2019년 TV로 방영되고 책으로도 엮여 나온 바 있는 〈대한민국 요양보고서〉는 우리에게 요양원의 '참혹하고 잔혹한 현실'을 세세히 알려주었다. 입소해 있는 노년들에게는 참혹하고, 요양보호사들에게는 잔혹한 요양원. 늙어가는 많은 이들에게 요양원은 '절대로 가서는 안 될 시설'로 각인되고 있는 게 현실이다. 요양보호사 이은주는 바로 그 요양원 안에도 사람살이의 이야기가 있음을, 사랑과 연대의 이야기가 있음을 보여준다. 동시에 그 이야기들은 요양보호사 자신을 '갈아 넣어야' 가능한 일임을, '갈아 넣다가' 안 되면 '나가떨어질 수밖에' 없음을 드러낸다.

재생산노동인 돌봄노동을 축으로 생산노동 중심의 경제를 재해석한 낸시 폴브레가 말했듯이, 돌봄노동자 역시 '사랑의 포로'다.[3] 그러나 돌보는 일 자체에 내재하는 사랑과 애착의 정서가 견디기 힘든 정도의 불평등한 희생을 요구한다면, 그 포로는 도망치려 할 것이다. 기꺼이 사랑의 포로 자리에 머물면서 자신의 돌보는 손길로 요양원 거주자들의 마지막 나날을 쾌적하고 평온하게 동반하는 것, 이것이 이은주가 꿈꾼 요양보호사의 하루하루다. 그는 '요양보호사로서' 이런저런 증상과 질환으로 '취약한' 고령자들을 향한 마음 씀에 있어 쉽사리 포기하거나 타협하고 싶지 않다. 이것은 그의 자존심이기도 하다. 그러나 이 자존심이 지켜지기 위해서는 요양보호사들의 '잔혹한' 노동 조건이 개선되어야 한다. 약간 완화하는 정도가 아니라 급진적으로 개선되어야 한다. 처음부터 경력단절 중년 여성들에게 일자리를 제공한다는 취지를 감추지 않고 설계된 노인장기요양 보험은, 바로 그 때문에 요양보호사가 제공하는 돌봄노동을 '헐값'으로 계산했다. 집 안에서 살림하고 아이들 키우고, 그러면서 때가 되면 운신하기 어려워진 노부모를 수발하던 여자들이 집 밖으로 나와 특별한 전문성 없이 할 수 있는 일이라고 여긴 것이다. 어쩌면 '해야 하는 일'이라고 생각했을 수도 있다. 이 일을 여자 아니면 누가 하겠어? 이런 상투적인 속셈이 없다고 할 수 있을까.

법적으로는 한 명의 요양보호사가 2.5명의 고령자를 돌본다고 명시되어 있지만, 3교대에 따른 야간근로, 공휴일이나 대체휴무 등 쉬는 날, 연차 등을 다 고려하면 한 명의 요양보호사가 돌봐야 하는 대상은 최소 7, 8명이다. 최대 24, 25명까지 되는 곳도 있다. 컨베이어벨트 시스템처럼 돌봄 서비스가 차질 없이 순서대로 이어져야 하는 요양원에서 고령자의 생애사나 신체와 마음·정신의 상태, 개별 욕구 등을 고려하는 '좋은 돌봄'은 거의 불가능하다. 현재 요양원의 돌봄이 '입소자의 단순 연명'이 아니라 '거주자의 삶의 면모'를 어느 정도라도 유지하고 있는 건, 돌봄받는 분들의 존엄한 나날을 어떻게든 조금이라도 지키는 게 자신의 윤리적 소명이요 기쁨이라고 생각하는 요양보호사들 덕분이다. '얼굴을 지키는 돌봄노동'이라고 부를 수 있는 이런 형태의 돌봄을 지금과 같은 노동 조건 속에서 모든 돌봄노동자에게 요청하기란 정말로 어렵다.

요양보호사 일로 돈을 버는 것도 중요하지만, 이은주가 요양보호사가 되겠다고 결정한 데에는 매우 사적인 동기가 있다. 미래의 자신과 어머니가 의탁할 곳이 궁금해서, 그리고 돌아가신 할머니가 그립고 그리워서 할머니 닮은 분들 곁에 있고 싶어서, 이은주는 요양보호사가 되었다. 전자도 중요하지만, 후자가 핵심이다. 엄마가 요양원에 계실 때, 나 역시 엄마를 만나는 동시에 엄마 또래의 주름 자글자글한 다른 할머니들을 만나는 게 큰 기쁨이었다. '할머니 닮은 분들 곁에 있고 싶어서' 요양보호사가 되었다는 그녀의 말에 오랜 신념의 동지를 만난 듯 반가웠다. '아기 사랑, 어린아이 사랑, 청춘과 젊은이의 사랑'은 당연하고, 당연한 만큼 흔해 빠졌으나, '늙은이 사랑'은 매우 특별하고 그만큼 드물다. 다큐멘터리 〈할머니의 먼 집〉⁴이 보여주듯이, 할머니가 키운 손자녀 중에서 남다른 할머니 사랑을 보이는 예도 있긴 하지만 역시 흔하지 않다. 늙은이들 사이의 사랑이든, 늙은이와 조금 덜 늙은이 혹은 젊은이 사이의 사랑이든 '늙은이 사랑'은 사회문화적 이데올로기를 바꿔낸다는 의미에서 정치적 사건이라 부를 만하다.

이은주를 책 밖에서 만나 인터뷰할 때, 우리가 제일 먼저 나눈 이야기는 할머니들을 향한 사랑과 애착, 할머니들의 주름투성이 얼굴에 대한 것이었다. 할머니들의 주름 물결이 진정 아름답게 느껴진다는 내 말에 그녀는 이렇게 응대했다.

"그분들의 주름은 급속하게 시간 이동을 시켜, 우리를

유년 시절로 데려갑니다. 그 주름은 뭐든지 다 긍정해 주는 주름일 수 있어요. 나라는 존재를 받아들이게 합니다. 요양원에 가서 그분들을 만나면서 제 삶의 영역이나 문학적 감수성이 확장되었어요."

이쯤에서 요양보호사 이은주에 대해 조금 사적인 소개를 하자. 그는 다채로운 경력을 가지고 있다. 현재 50대 중반 비혼인 그는 일본 유학을 다녀왔고 이후 일본 문학을 번역해왔다. 학습지 교사를 했으며, 공항 면세점의 외국 매장에서도 일한 적 있다. 그 모든 일의 한가운데에는 병원에 입원한 남동생의 아이들을 키우는 일이 있었다. 지금은 자신이 키운 조카의 아들을 맡아 기른다. 혼자는 힘들지 않겠느냐며, 노모가 집으로 들어오셨다. 결국 초등학교 1학년생 조카손자와 70대 중반 노모를 같이 돌보게 되었다. 그는 웃으며 "고모할머니가 해주는 음식은 맛이 없다는 초등학생과 입맛 까다로운 70대 노년의 식사 준비로 점심때가 되면 제 머릿속엔 각종 음식 재료가 둥둥 떠다녀요"라고 말한다. 나도 웃으며 농담 반 염려 반으로 그에게 "본인의 DNA에 돌봄 인자가 있다고 생각하세요?"라고 물었다. 제3자가 (특히 비혼 딸·여성이) 볼 땐 '겁이 덜컥 날 만큼' 그의 일상은 다양한 돌봄으로 빼곡하다.

이제 이은주는 요양원에서의 일을 그만두고[5] 하루에 세 시간씩 일주일에 다섯 번, 재가요양 서비스를 제공한다. 한 시간에 1만700원, 한 달에 버는 돈은 평균 70여 만 원이다. 그는 "적게 일하고, 적게 벌고, 많은 시간을 자율적으로" 사는 게 자신의 신조라고 말한다. 그래도 이 돈으로 세 식구가 어떻게 살까? 물론 사이사이 번역도 계속한다.[6] 그러나 "번역료? 아시잖아요, 얼마 안 된다는 거"라는 그의 답변에 나는 더 이상 묻지 않았다. 그가 소위 정신노동과 육체노동을 구분 짓지 않고 '마음이 이끄는 대로' 일하면서, 마이너스 통장을 견디면서도 만족스러운 하루하루를 살고 있다는 것, 그리고 이것은 오로지 그의 특별한 결심과 능력 때문이라는 점은 강조하고 싶다. 그의 사례가 '사랑의 포로'가 되는 돌봄노동자, 특히 여성 돌봄노동자의 '착취'에 알리바이가 되어서는 안 된다.

이제 더 구체적으로 상세하게 이은주가 요양보호사로 일하면서 느끼고 생각하는 것들을 들어보자.

돌보는 능력과 돌봄받는 능력

앞에서 말했듯이 기저귀 케어나 욕창 방지를 위해 체위를 변경하는 일은 늘 침대에 누워 지내는 환자에게 대단히 중요하다. 반면에 어깨와 허리를 사용해 환자의 몸무게를 감당해야 하는 요양보호사에게 이 일은 매우 힘겨운, 즉 '힘을 써야 하는' 일이다. 힘을 쓸 때 환자의 몸과 돌보는 이의 몸 사이에 적절한 '협업'이 이뤄진다면, 이 힘쓰는 일도 가슴 뛰는 '연대'의 순간이 된다.

> 제우스의 발목은 나의 손목과도 같고, 제우스의 허벅지는 나의 종아리보다 야위었다. 그런 제우스의 기저귀를 갈고 나면 이마를 타고 떨어지는 땀방울로 눈이 따가워지는 나. 그런 나를 위로하듯 제우스가 '파이팅!' 하고 격려를 하는 순간이 있다. 그때 제우스와 나의 눈이 마주치며 생기는 강한 연대감. 미래를 기약하지는 못하나 바로 지금, 안간힘을 쓰며 살아내는 그와 나의 연대감이 있다.[7]

손목과 허벅지가 그렇게 야위었다면서 기저귀 가는 일이 뭐가 그리 힘들어 '연대'를 말하는가. 의아해할 사람이 있을지도 모른다. 그러나 요양보호사들의 높은 이직률의 원인 중 하나가 허리와 어깨의 손상일 정도로 체위 변경은 고난도·고강도의 일이다. 웬만한 근력과 요령이 아니면 버티기 힘들다. 그래서 연대가 중요하다. 연대를 이뤄내기 위해서는 표현과 소통을 포기하면 안 된다. 소통해야 환자의 '돌봄받는 능력'도 점차 향상될 수 있다. 현장에서 벌어지는 요양보호사와 노년 환자들 '사이'의 신체적 '밀당'을 이은주는 이렇게 설명한다.

"요양보호사에게는 체중이 너무 많이 나가는 제우스와 뮤즈는 꺼려지지요. 허리를 다치니까요. 밀 때 밀리지 않는 힘이 요양보호사에게는 충격으로 다가와요. 배려가 몸에 붙은 뮤즈들은 이렇게 기저귀를 들이밀면서, '저…… 기저귀 갈게요' 하고 말하면 당신들이 알아서 몸을 돌려줘요. 반대로 어떤 분들은 본능적으로 '왜 내 몸을 밀지?'라고 생각해서 뻗대는데, 그때 충격이 엄청나죠. 그래서 환자 되는 연습, 돌봄받는 연습 매뉴얼이 있어야 돼요. 누군가가 내 기저귀를 갈아줄 때면 협조해주는 게 필요하다는 것 말이죠. 목욕시켜드릴 때도 옷 벗기는 거 싫다고 할퀴세요. 요양보호사가 자꾸 바뀌면 안 돼요, 그래서. 훈련된 요양보호사는 '지금은 목욕할 시간이고, 이제 머리를 감을 것이고, 그다음은 뭘 하고……' 하면서 차례로 다 설명해요. 그럼 들으시고 그다음 손길은 어떻게 올 건가, 예측을 하시게 되죠. 아, 내 머리를 만지겠구나, 귀를 청소해야 되는구나, 면도를 하는구나……. 이렇게 말로 소통하는 연습, 이 연습도 충분히 해야 합니다."

요양보호사의 자존심

편마비 환자를 욕창이 걸리지 않게 두 시간마다 한 번
씩 체위 변경을 할 때, 기저귀 케어를 할 때, 하루 종일
밀폐된 상태로 있던 엉덩이에 클린 로션을 바를 때가
나는 제일 기분이 좋다. (…) 설사를 하고 무의식적으
로 그것을 치워야겠다는 생각에 허둥대다가 침대 시트
와 벽에 오물을 묻히고 심지어 자신의 손톱 끝까지 더
러워져서 의기소침한 분에게 핀잔을 주기보다 괜찮다
고, 바로 이런 것을 도와주기 위해 제가 있는 것이라고
안심시켜주고 싶다.[8]

'벽에 똥칠하는'이라는 형용어구는 모든 사람에게 상상하
고 싶지 않은 공포를 불러일으킨다. 배설물의 통제는 사람
되기, 즉 사회화의 첫 관문이요 상징이다. '누가 내 똥오줌
을 받아줄 것인가'는, 늙어가는 과정에서 때로 필연적일 수
있는 질문이나, 실제로 '벽에 똥칠하는' 누군가는 그런 질문
자체를 할 수 없게 된 사람이다. 그러나 질문하는 의식이 사
라졌다고 해서 몸의 느낌이나 주변 사람의 태도를 살피는
감각까지 사라지는 건 아니다. 의식이 물러서고 몸의 감각
이 전면화된 존재일수록 그 몸의 상태를 알뜰히 살펴서 존
재 전체가 편안할 수 있도록 돕는 일이 절실하다. 이은주는

목욕하고 난 뒤 보송보송해진 어르신이나, 기저귀를 갈고 나서 엉덩이에 맨소래담 로션까지 바르고 난 뒤 개운한 표정을 짓는 어르신들을 볼 때 가장 뿌듯하다.

기저귀를 갈고 목욕을 시키는 것은 한 사람 한 사람 개별적으로 눈을 마주치고 말을 건네며, 어디 아픈 곳은 없는지 두루두루 살피는 요양 일의 기본이다. 이 기본이 해결되면 무표정하게 허공을 바라보던 얼굴에 색과 표정이 돌아온다. 특정 대상을 향해서 고개를 돌리고, 미미하게나마 어깨를 들썩이며 웃는 순간도 가능해진다. '보송보송한 엉덩이'에 요양보호사로서 이은주의 자존심이 걸려 있는 이유다. 그에게 환자의 신체적 쾌적함과 편안함은 다른 어떤 것과도 바꿀 수 없는 소중한 가치다.

"요양보호사 선생님들마다 자기가 제일 지키고 싶은 소중한 무엇이 있어요. 관리자나 바깥에서 오는 분들이 봤을 때 어수선하면 안 된다, 정리해야 된다, 청소를 잘해야 한다 등등…… 각자 꽂히는 부분이 있지요. 나는 입술 튼 것을 못 보겠는 거예요. 입술이 트면 밥 먹을 때 찢어지잖아요. 그리고 눈곱도 못 보겠어요. 눈에서도 노화가 진행돼서 자꾸 진물이 나는데, 그러면 안약을 넣어드리고 싶어요. 또 기저귀를 진짜 깨끗이 해야 한다고 생각하죠. 나 자신이 생리할 때 너무너무

싫거든요. 생각만 해도 너무 싫은데. *24시간 팬티용 기저귀를 한다고 생각하면, 그건 정말 아니잖아요. 그 사람의 엉덩이가 축축한 게 다 느껴져요. 어떻게 보면 그건 제가 살면서 지키려고 했던 부분일 수도 있어요. 제가 멈추기를 잘하거든요. '아, 이거 아닌데, 아, 이거 아닌데'라고 질문하는 거예요. (…) 그런데 그런 일들을 위한 5분, 10분을 확보하는 게 너무 어려워요."*

'기저귀를 진짜 깨끗이 해야 한다.' 이것을 핵심 명제로 삼는 돌봄 종사자가 드물지 않다. 이은주처럼 자신이 월경할 때 힘들어했던 축축한 느낌, 냄새, 살이 벗겨지는 듯한 따가움 등이 생생해서 돌봄 의존자의 기저귀를 낮뿐만 아니라 (쪽잠을 자면서라도) 밤에도 바로바로 갈아주는 간병인도 있으며, 비교적 좋은 대우를 제공하는데도 기저귀를 자주 갈지 않으려고 이중삼중으로 두껍게 대는 걸 규칙으로 삼는 요양원을 그만두는 요양보호사도 있다. 이런 태도와 원칙이 얼마나 중요한지, 얼마나 돌봄 의존자의 삶의 질을 좌우하는지 아는 시민들, 그래서 이를 돌봄의 기본으로 주장하는 시민들이 많아져야 한다.

이은주는 뮤즈나 제우스와 쌓는 우정이 깊어질수록 더 잘해드리고 싶어서, 더 보송보송하고 개운한 상태를 만들어드리고 싶어서, 더 자주 눈을 마주치며 한두 마디라도 이야기를 나누고 싶어서 안간힘을 쓰다가 그것이 요양원에서는 구조상 불가능하다는 것을 깨닫는다. 자신의 늘어난 노동 시간이나 노동 강도가 다음 요양보호사의 업무에 차질을 주고, 그것이 연쇄 반응을 일으켜 업무 체증을 일으킨다는 것을 확인하며 결국 자신의 방식을 포기할 수밖에 없다. 그 포기의 순간, 요양보호사로서 그가 지키고 싶었던 자부심이나 자존심도 무너진다. '그러면 더 이상 나 이은주가 아니잖아!' 좌절한 그는 결국 요양원 일을 그만두고, 하루에 세 시간씩 일주일에 다섯 번, 한 사람만을 집중적으로 돌보는 재가요양 일을 하게 된다. 그날그날 돌봄의 내용과 방식을 서로 의논해서 함께 정할 수 있는 재가요양에서는 '아, 이거 아닌데' 때문에 괴로울 일이 훨씬 적었다. 심지어 지금 돌보는 분들에게서 그는 자신의 미래 모습을 보기도 한다. '아, 늙으면 이분들처럼 이렇게 살면 되는구나.' 그러면 미래의 늙은 자기 처지가 별로 두렵지 않다.

'애도 없음'에 반대한다

요양원에서 일하는 일에는 늘 죽음을 느끼고 의식하는 일이 포함된다. 그것은 어쩌면 죽음과 함께 삶을, 삶과 함께 죽음을 살아내는 노동이라고 말할 수도 있을 것이다. 이은

'보송보송한 엉덩이'에
요양보호사로서 이은주의 자존심이 걸려 있다.

주는 한 달에 세 번이나 입소자들의 사망을 경험한 적이 있다. 공교롭게도 그분들 모두 그가 담당하던 시간대에 돌아가셨다. 이렇게 죽음이 빈번하다 보니 요양원에서는 '사라진' 분들에 대해 말을 삼간다. 함께 어울리던 분들이 동요하기 때문이다. 그러나 이은주는 이런 애도의 삭제에 반대한다. '아무 일도 일어나지 않았다는 듯이' 빈 침대에 새 입소자를 배치하고 이름표를 다른 이름으로 갈아 끼울 수는 없다. 벽 한쪽에 자그마한 공간이라도 마련해서 "사진 한 장 걸어두고, 꽃 한 송이, 물 한 잔, 초 하나만이라도 놓아두자"[9]고 제안한다.

사경을 헤매는 뮤즈나 제우스와 하나가 되어 보냈던 낮과 밤은 요양보호사들에게도 함부로 도려낼 수 없는, 도려내어서는 안 될 경험 아닌가. '떠나보냄'의 의례가 필요하지 않은가. 응급실에 실려간 무연고 뮤즈가 다시 돌아오지 못했을 때 이은주는 우울을 떨치기 힘들었다. 영화 〈스틸 라이프〉[10]를 보면서 간신히 자신을, 떠나간 이들을 위로할 수 있었다. 무연고 뮤즈의 사물함을 정리하면서 발견한 세 장의 사진을 집에 가져와 낡은 프라이팬에 태우면서 소박한 애도의 의례를 치렀다. "뮤즈와 나의 짧은 인연이 프라이팬에서 3분 만에 산화하는 것을 바라보다 늦은 아침을 먹었다."[11] 메일로 그는 내게 이런 보충 설명을 보내왔다. "그제서야 비로소 할 일을 한 듯한 느낌을 받으며 가까스로 우울한 감정을 다독이고, 생활의 질서를 되찾을 수 있었습니다. 남아 있는 뮤즈들에게 귀 기울이는 일 말이죠."

평생을 '마음이 이끄는 대로' 살아온 사람이면서 동시에 우울증이 깊은 그는 늘 죽음과 직면해야 하는 요양원 일이 쉽지 않았다. 요양보호사로 활동하며 50대에 들어선 그는 '어떻게 죽을 것인가'를 자주 생각했다. 요양원에 있으면 모든 죽음은 먹다 죽든가, 굶어 죽든가, 딱 두 가지로 정리된다. 연하곤란이 왔을 때 경관 급식[12]을 선택할 것이냐 말 것이냐의 문제 말이다. 그러나 죽음은 그 이상의 의미를 품는다. 애도의 의례와 기억이 생략되는 요양원은 '그 이상'을 허용하지 않음으로써 역설적으로 그것에 대해 더 깊은 고민을 떠안긴다.

요양원에서 일하는 돌봄 종사자와 '좋은 죽음'에 대해 이야기 나눌 때, 빠지지 않고 등장하는 주제 중 하나가 경관 급식 선택에 관한 것이다. 흔히 '콧줄'이라고 불리는 경관 급식은 연명의료결정법 시행 이후 특히 중증 치매 환자의 경우에 윤리적 논쟁을 불러일으켰다. 국내에서 2017년 8월부터 시행되고 있는 〈호스피스·완화의료 및 임종과정에 있는 환자의 연명의료결정에 관한 법률〉(이하 연명의료결정법)은 어떤 상황에서도 영양·수분·산소 공급은 중단될 수 없다고 규정하고 있다. 연명의료 결정 대상이 아닌 상황에도 적용될 수 있는 이 조항은 돌봄 인력이 부족하고 돌봄 서비스 스케줄이 빡빡한 노인요양 시설에서 경관 급식을 필요불가결한 선택지로 만들 수 있다. 그런데 이물감이 답답한 환자는 종종 콧줄을 뽑으려 하고, 그러면 억제대나 특수 제작된 장갑으로 손을 구속하는 일이 또 필요불가결해진다. 윤리적 논쟁이 발생하는 지점이다.

보통 말기 중증 치매 환자의 경관 급식에 관한 윤리적 논쟁을 주도하는 것은 제도화된 생명의료윤리 담론이다. 여기서 초점은 의료적 판단에 맞춰져 있다. 연하곤란이 신체의 기능상 장애에 의한 것인지, 그래서 선택하는 경관 급식이 환자의 신체적 잔존 능력을 보존하는지 등. 생명의료윤리는 경관 급식이 의미 있는 개선 혹은 유지 효과를 불러오지 못한다는 의료 지식에 근거해 경관 급식에 반대한다. 그러나 말기 환자의 '삶과 행위성'에 초점을 맞추는 사람들은 이 논쟁에 다른 관점을 도입한다.[13] 환자가 삼키는 일에 곤란을 겪을 때 필요한 것은 의료기술을 사용한 신체 기능의 검사가 아니라, 환자가 왜 음식을 거부하는지, 삼키지 못하는지 또는 삼키지 않으려 하는지에 대한 상황적 검토와 관찰이다. 음식의 맛이나 질감, 복용 중인 약물, 주위의 소음이나 옆 침대 환자의 태도 등 식사 환경, 환자의 심리 상태와 이에 작용하는 상황들까지 살피면서 '삼킬 수 있도록' 유도하는 것이다. 이렇게 다양한 관찰에도 결국 경관 급식이 행해진다면, 억제대나 특수 장갑을 사용하지 않아도 되는 환자의 상태나 환경을 만들고자 이런저런 시도를 해볼 수 있다. 이런 살핌과 시도는 환자의 신체 기능에 대한 의료적 판단만을 따르기보다 즐거움과 고통, 좋아하는 것과 싫어하는 것 등과 관련된 환자의 행위성을 존중한다. 그렇게 관계적 돌봄 속에서 상황적이고 잠정적인 지식을 얻는다. 그러나 이런 살핌은 돌보는 사람에게 시간과 자원이 충분히 허용되어야만 가능하다. 통계적으로 산출된 활동 보조 시간으로 수가가 책정되는 요양원에서 이렇게 '느린 돌봄'이 가능할까. 현실적으로 쉽지 않은 문제다. 그래서 노인요양원에서의 죽음이 먹다 죽느냐, 굶어 죽느냐 딱 두 가지로 정리되는 상황이 생기는 것이다. 요양보호사들은 이런 상황을 어려워한다. 윤리적 동요도 적지 않다. 밀착하여 관찰하고 다양하게 시도해보는 등 세심하고 느린 돌봄을 할 수 없는 현실에서 이들이 생명의료윤리 담론에 기우는 건 어쩌면 당연하다. 말기 중증 치매 환자의 돌봄에서 삶을 이어가는 형태와 죽음을 맞이하는 형태는 서로 겹쳐 있다. 둘 사이에 명확한 경계선을 긋는 건 불가능하다. 노인요양원에서 죽음이 가시적으로 언급되거나 애도받지 못하는 건 함께 해온 다른 입소자 노년 환자들의 심리적 동요를 염려해서이기도 하지만, 무엇보다 애도 자체가 이미 불가능해진 삶 때문이기도 하다. 상실을 애도할 권리와 애도받을 권리는 삶 속에서 이미 결정된다. 애도가 가능한 삶은 살 만한 삶, 어떤

형태의 것이든 삶의 유대가 가능하고 또 존중받는 삶이다.[14] 이런 삶이 멈출 때 애도가 가능한 죽음 또한 멈춘다. 노인요양 시설에서 '콧줄'은 물리적·신체적 차원과 상징적 차원 모두에서 그야말로 의미심장한 난제를 표시한다.

어린이들의 성장을 응원하는 할머니

유쾌하고 허심탄회한 '늙은이 사랑' 이야기를 마치고 헤어지기 직전에 나는 이은주에게 '어떤 할머니가 되고 싶은지' 물었다. 그는 주저 없이 "책 읽어주는 할머니, 어린이들의 성장을 응원하는 할머니"라고 답했다.

> "책 읽어주는 할머니, 마을의 좋은 할머니, 그래서 누구 할머니가 아니라, 여러 아이가 와서 '할머니, 나 오늘 이거 했어요'라고 말하는 할머니가 되고 싶어요. 오늘도 시흥이라는 아이가 저를 보자마자 달려와서 '저, 구구단 9단까지 외웠어요'라고 자기 성장 보고를 하더라고요. 지난번 만났을 때 내가 '보고 싶었어, 시흥아'라고 했더니, 그 아이가 '전 구구단 5단까지 외웠어요'라고 말하길래 '어머, 1학년인데 벌써 5단까지 외웠어? 대단하구나!'라고 말해주었거든요. 어린이들의 성장을

같이 기뻐해주는 할머니, 아이들을 만나면 '너의 성장은 대단해, 기뻐'라고 말하며, 아이들과 계속 소통하는 그런 할머니가 되고 싶습니다."

대략 젊은이들로 구성된 청중을 대상으로 노년과 관련해 강의할 때, 나는 '당신은 어떤 할머니·할아버지가 되고 싶나요'라는 질문을 빠뜨리지 않는다. 많은 이들의 대답은 '생각해본 적 없다'거나 '멋진 할머니·할아버지' 수준에 머문다. '늙은' 자기 모습을 구체적으로 상상해본 적이 없는 것이다. 묻자마자 기쁘다는 듯이 '아이들의 성장을 지지하는, 책 읽어주는 할머니'가 되고 싶다는 요양보호사 이은주의 답변은 내 수첩에 소중히 기록되었다. 그 수첩에는 얼마 전 내게 '웃기는 할머니'가 될 것 같다고 말해준 20대 후반 여성의 말도 적혀 있다. 내가 되고 싶은 할머니도 중요하지만, 남들이 '될 것 같다고 예언'해주는 할머니도 중요하다. 더구나 웃기는 할머니라면 '아이들의 성장을 응원하는 할머니'와 함께 나란히 동네 사람들에게 이바지하는 바가 있지 않겠는가.

노년의 이야기로
짓는 예술

주름진 이야기들의 아카이브

주름이 자글자글한 할머니들의 얼굴은 묘하게 아름답다. 웃을 때마다 물결처럼 움직이는 그 주름들은 길게 이어진 밭의 이랑과 고랑을 연상시킨다. 밭을 옆에 끼고 한 시간을 걸어서 학교에 다녔던 유년기의 추억 때문인가, 나는 밭의 이랑과 고랑이 만들어내는 굴곡을 보면 마음이 편안해진다. 할머니들의 주름을 볼 때도 비슷한 안도감을 느낀다. 밭의 이랑 고랑도, 할머니들의 주름도 아주 평범하지만 들을수록 찰지고 구성진 이야기를 품고 있는 것 같다. 그러니까, 이야기들의 아카이브인 것이다. 노년들이 들려주는 이야기를 듣는다는 것은 그래서 삶의 최전선인 주름에 대한

이야기를 듣는 것이고, 동시에 이야기가 된 삶을 만나는 것
이다. 노년들과 퍼더버리고 앉아 담소를 나누는 일이 사라
지면서, 이 아카이브가 품고 있는 이야기들도 잊히고 있다.

그런데, 노년들을 만나 이들의 이야기를 듣는 청년들이
있다. 6개월이고 8개월이고 만나 이야기를 듣고 감각하고
이해하고, 그것을 나름의 형태로 표현하는 '일'을 하는 청년
작가들이다. 이들의 작업은 '이야기청'이라는 이름의 프로
젝트로 진행된다. 2020년 이야기청의 작업 결과가 〈사사이
람〉 전시회에서 대중들에게 소개되었다. 코로나19 재난 때
문에 전시 공간에 머물 수 있는 시간은 두 시간으로 제한되
어 있었고, 그 공간 안에서 각각의 이랑 고랑을 이룬 이야기
들은 결코 두 시간으로 다 들을 수 없는 인생의 굽이굽이로
풍요로웠다. 내용이 단단했고, 형태에서도 사람들의 감각
을 일깨우는 측면이 확실했다. 겉멋 아닌 속멋이 은은했다.
자신들이 만난 노년들의 삶과 자아를 잘 보여주려는 노력
이 느껴져서, 기뻤다. 두 시간이 너무나 빨리 지나가버려,
코로나가 할머니 할아버지들 이야기 듣는 것도 방해하는구
나 한숨 쉬며 떠밀려 나왔다. 저 이야길 언제 또 듣나, 아쉬
움에 몇 번이고 뒤돌아보았다. 이야기청을 총괄 기획하고
있는 육끼를 만나[1] 이야기를 나누는 시간은 그 뒤돌아봄에
대한 보상이고 위로였다.

'이야기청'은 젊은 문화예술 작업자들이 '노년들'을 만나

그들의 인생 이야기를 듣고, 그것을 나름의 예술 형태로 전환하는 커뮤니티/프로젝트의 이름이다. 영상·사진·공연예술·사운드아트·구술 연구·커뮤니티아트 등 다양한 장르에서 활동하고 있는 청년 예술가 및 기획자들이 연도별로 다르게 합류하는 방식으로 2017년부터 이어져오고 있다.

'이야기청'은 이야기와 청(듣다)의 합성어다. 청은 듣는 사람에 따라서는 '늘 푸른 모두의 모든 삶'을 가리킬 수도 있을 것이다. 처음 '청'이라는 말을 들었을 때, 나는 공개적으로 마련된 널찍한 마당을 떠올렸다. 공공의 의미를 앞세워 마련한 '장'이지만 초대된 사람은 편안하게 자기가 하고 싶은 이야기를 풀어놓을 수 있는 곳. 듣는 사람과 말하는 사람 사이에 민주적 평등이 고르게 흐르는 이곳은 한나 아렌트가 상정한 정치적 주체들의 공간을 닮았지만, 화자의 말이 꼭 정치적 견해일 필요는 없다. 아니 정치적 견해가 아닌, 수십 년 호미질을 하며 삶을 지은 이랑 고랑의 이야기니 더 융숭하고 더 감칠맛이 있다. 이야기청, 한번 들으면 잊으려야 잊을 수 없는 이름이다. 연상되는 이미지도 자못 명료하다. 머리가 하얗게 센 늙은 이야기꾼 주위로 젊은이 어린이 중늙은이들이 빙 둘러서 있다. 이렇게 되면 '청'은 아렌트식 정치적 주체들의 무대에서 구술문화 시절의 마을 입구 정자나무 아래나 장터의 술청으로 슬며시 이동한다. 대부분의 소통이 손가락 움직임으로 이뤄지는 전자 촉각 시대에 이 물리적 몸들과 목소리의 현전은 남다른 감회와 의미를 선사한다. 〈사사이람〉 전시를 보고 나서 육끼를 만나러 갈 때 나의 감각은 1차 산업시대와 4차 산업시대 사이에서, 20~30대와 60~80대 사이에서 진자운동을 하고 있었다.

타인의 삶에 대한 호기심과 소통의 욕망

이야기청 작업에 참여하는 작가들은 노인 심리나 노인 행동 연구, 노인 인지장애, 또는 구술 및 커뮤니케이션 등에 대해 전문가의 견해를 듣는 시간을 갖는다. 워크숍을 열어 토론을 하기도 한다. 이야기청의 프로그램은 타인의 삶에 대한 관심과 소통의 욕망이라는, 창작자들의 기본 특성에서 출발한다. 이것은 창작 작업이고 따라서 어떤 노년을 만나 어떤 방식으로 이야기를 들을 것인가는 전적으로 작가들의 선택이다. 그러나 모두가 공유하는 기본 지향점은 있다. 특별할 것 없는 평범한 사람의 일상을 통해서 그 사람만의 특별하고 귀한 면모를 드러낸다는 것이다.

"기본적으로 예술가들은 타인의 삶에 관심이 있고, 소통의 욕망을 지녔다고 생각합니다. 이야기청 작업에 대한 기본 공통 감각 같은 것은 그 안에서 만들어져요.

대단한 사람들에 대한 뛰어난 서사, 이런 건 저희 말고도 잘하는 분들이 있을 테고, 저희 이야기청은 일상적인 만남을 통해서 평범한 사람들의 삶과 상호작용을 하는 예술을 기대하고 있어요. 본질적으로 예술 자체가 삶을 들여다보고 관찰하는 것이니, 권위니 패권이니 대의적인 목표니 그런 게 아니라 보통의 어떤 삶, 보통의 일상을 탐구하고 들여다보자는 거죠. 작년에는 쪽방촌이나 복지관에 계신 분들, 길고양이 밥을 주시는 할아버지 등 다양한 삶의 양태를 가진 노인 분들을 만났어요. 보통의 노인들을 만나 그분들이 귀하고 특별하다는 걸 보여드리고 싶은 거예요. 언젠가는 우리들의 목소리도 들리겠지, 라는 희망도 가지면서. 우리도 평범한 사람들이니까요."

이야기를 듣는 일에는 어떤 기술이 필요할까? 나의 질문에 그는 '기술이라기보다는 태도'라고 말했다. 소통하겠다는 태도가 있는 사람들은 어떻게든 그 방법을 찾아낸다는 것이다. 이야기청 작업의 핵심은 그 방법을 찾아가는 과정과 관계다. '결과를 어떻게 하자!'라는 것은 요구되지도 언급되지도 않는다. 프로그램을 진행한 기간 동안 특별한 소수를 빼고는 작가들 모두 그런 태도를 가지고 있었고, 결과는 자연스럽게 나왔다. 작가들은 '삶에 대한 관심과 관찰력'이 뛰어나다. 이들은 자기만의 방법과 감각으로 나이든 타자들의 이야기에 반응하며, 이야기가 이어지게 만든다. 할머니들도 '예술가'에 대한 호기심과 관대함으로 반응한다. 쌍방향으로 작동하는 호기심이 마중물이 되어 대화의 물꼬를 트고, 이야깃거리를 만들어낸다. 말하자면 궁합이 좋은 것이다. 예술가들을 좀 신기하게 바라보는 할머니들은 '밥은 어떻게 먹고 다니냐', '이래서 장가는 가겠냐'라며 관심을 보인다. 가부장제 사회에서 약자로 살면서 평생 단련하고 키워온 감각이나 촉으로 할머니들은 작가들의 말 걸기나 상황에 은근하면서도 민활하게 반응한다. 할머니들의 반응에 다시 작가들이 반응하고, 그렇게 오간 반응들의 탄력으로 이야기가 풀려 나오기 시작한다. 관계의 다리가 놓이고 집이 지어진다. 할머니의 이야기로 지어진 집이고, 관계의 이야기가 깃드는 집이다. 전시장을 찾은 노년 가운데는 첫 작품에서부터 "나 너무 슬퍼…… 눈물이 막 줄줄이야"라며 우는 이도 있다. '자기 경험에 비춰' 작품을 느끼고 해석하는 것이다. 이야기청의 작업들이 이들의 감정선을 그리도 즉각적으로 건드릴 수 있다는 것은 할머니가 들려준 삶을 작가가 그만큼 깊이 이해하고 잘 형상화했다는 뜻이다.

"할아버지들도 참여하시나요?" 계속 '할머니'를 주어로 이야기했다는 것을 문득 깨닫고 내가 물어봤다. 그는 간단히 고개를 저었다.

"아니요, 95퍼센트 정도가 할머니들이세요. 일단 할머니들이 더 장수하시고, 여든 넘으신 할아버지를 만나기가 힘들어요. 이번 전시에 등장한 할아버지들은 귀한 할아버지들인 거죠. 그리고 할아버지들은 이야기하기보다는 가르쳐주시려 해요. 단편적인 예로 저희 아빠만 봐도 반응이 엄마와 완전히 다르세요. 두 분이 군산에 사시는데 엄마는 '군산에도 이야기청이 있으면 나도 열심히 참여하고 싶다'고 말씀하세요, 너무 좋은 기회라고. 그런데 아빠는 '내가 거길 왜 가? 내가 이 나이에 왜 가서 누구 말을 듣고 있어?' 이렇게 말씀하세요. '내 맘대로 할 거야'라는 태도가 좀 있으시니까, '나오게 될 경우 몇 시에 나오시면 된다' 하는 것도 다 누구 말을 듣는 거라고 생각하시죠."

이야기꾼이 되지 못하는 할아버지들 때문에 초고령화가 진행되는 한국 사회에서 노년 남성의 이미지는 점점 더 획일적으로 굳어진다. 태극기를 들고 시청 앞으로 나가는 사람이거나 탑골공원이나 다리 밑에서 바둑 두는 사람. 이 두 유형으로만 각인되는 노년 남성 이미지는 쉽사리 차별이나 혐오로 이어질 수 있다. 살아온 인생 이야기를 들려주는 것도 훈련이 필요한 기술이다. '50플러스' 같은 기관들은 나이 드는 남성들의 스타트업 지원에만 몰두할 것이 아니라, 이들을 위한 '이야기꾼 교실'을 열어야 하는 것 아닐까.

할머니들의 자아를 만나다

이야기청에서 작업한 젊은이들은 노인들과 6개월 넘게 만나고 이야기를 나누면서, 나이듦과 노년에 대해 피상적으로 생각했던 것들, 어쩌면 자세히 알려 하지 않았기 때문에 잘 몰랐던 것들을 점점 더 잘 알게 된다. 예를 들어 '지금과 같은 형태의 사회에서는 노년들이 친구나 동료를 갖기 어렵겠다'는 것을 알게 된다. 할머니들과 이야기를 나누다 보니, 그들의 인간관계가 피상적이라는 생각이 들었다. '계속 경쟁하고 포장하는 관계'였고, 그렇다 보니 진정한 친구나 동료가 없는 상황이다. 노인복지관이나 문화센터 등에서 만나는 사람들도 '우리 집은……', '우리 자식들은……' 식의 이야기들을 주로 한다는 것이다. 이것은 '단톡방'을 매개로 한 노년들의 사회 교류 연구나 경로당 이용 연구에도 등장하는 주제다. 자식이 어느 직장에 다닌다, 용돈을 얼마만큼 준다, 어디 여행 가자고 한다 등 자랑거리가 있다면 노년들은 노골적으로 또는 은근히 반복해서 말한다. 자랑거리

가 없는 사람들은 저들의 '자랑놀음'을 그러려니 하며 들어
주다가도 가끔 짜증이 치솟아 일정 시간 단톡방을 나갔다
가 다시 들어가기도 한다. 아예 경로당 출입을 그만두는 이
들도 있다. 자식을 매개로만 사회적 정체성을 얻을 수 있었
던 노년 여성들의 경우 이런 경향이 더 심할 수 있다.

　이야기청 작가들이 의외라고 생각한 또 다른 발견은 노
년들이 들려주는 이야기에 과거나 추억보다 미래에 대한
것이 더 많다는 사실이다. 88세의 한 노년은 "저는 앞으로
5년은 더 살 거 같은데"라면서 그 5년에 이루고 싶은 꿈을
말하기도 했다. '여행 가고 싶다', '떠나고 싶다'는 많은 할머
니의 공통된 소망이다. 늘 배우고 싶었던 영어를 배우는 것,
컴퓨터를 배우는 것 등 다양한 배움의 갈망도 있다. 그리고
이 미래의 계획 바로 옆에는 꿈만큼이나 구체적인 죽음 준
비가 있다.

　　"나름대로 매우 건강하게 죽음 준비를 하고 계시더라
　　고요. '어떻게 죽었으면 좋겠다'부터 시작해서, '물건을
　　빨리 버려야 내 자식들이 고생하지 않지'라며 물건 정
　　리를 말씀하시고. '장기기증을 내가 하면 도움이 될까.
　　어떻게 될지 잘 모르겠지만 신청은 해봤어' 하시고. '돈
　　은 얼마 없지만 내가 죽은 다음에 이 돈은 어떻게 쓰였
　　으면 좋겠어.' 그리고 장례 방식 같은 것도 종종 얘기

하시죠. '요즘에는 수목장도 있던데?' 같은 얘기들도 꽤 자연스럽게 하세요. 놀랍게도 '나는 지금이 제일 좋은데' 하는 할머니들이 많으세요. '이제 고생 다 하고 나서 몸은 아프지만, 지금이 제일 행복한 것 같애. 이렇게 살다가 죽었으면 좋겠어. 요양병원 안 가고 죽었으면 좋겠어'라고 말씀하세요."

역시 노년들의 평온과 행복에 드리운 검은 그림자는 '요양병원'이다. 현재 한국 사회에서 나이 들어가는 사람들이 가장 소망하는 것 두 개를 들라면 아마도, '치매에 걸리지 않는 것'과 '요양 시설에 가지 않고 죽는 것'이리라. 집에서 이뤄지던 수발이 치매 증상이 심해지면 한계에 도달한다. 하나가 오면 다른 하나도 거의 필연적으로 따라온다. 치매 증상이 심해지고, 의료인의 개입이 필요한 상황이 빈번해질 때 보호자들은 진지하게 요양 시설을 고민하게 된다. 이 상황이 도래할 것 같으면 개인에게 주어진 마지막 자유권, 즉 '자유죽음'을 선택하겠다는 사람들도 차츰 늘고 있다. 사전연명의료거부 등록을 서로 권하기도 하고, 존엄사 합법화에 대한 의견들도 나눈다. 이 모든 논의 저변에는 평등하지 않은 자원의 문제가 있다. 이 사적 불평등을 어느 정도라도 해결해줄 수 있는 복지 시스템이 부재할 때 '생의 마감을 어떻게 할 것인가'는 자유의 문제이기 이전에 평등의 문제가 된다. 생의 마지막 날들이 평등하게 돌봐질 수는 없는 것인가. 코로나19 재난 시기를 통과하며 사람들은 이제 어느 정도는 바이러스와 함께 살게 될 미래를 받아들이고 있다. 위드 바이러스With Virus는 더 이상 개인 차원에서 받아들이거나 받아들이지 않을 수 있는 선택의 문제가 아니다. 그런데 왜 '위드 치매'는 가능하지 않은 것일까. 요양 시설의 탈시설화 가능성을 찾으면서 요양 시설을 또한 '내가 갈 수도 있는 곳'으로 상상하고, 삶이 가능한 곳으로 만드는 일은 왜 그렇게 어려운 것일까. 왜 치열하게, 적극적으로 도모하지 않는 것일까. 함께 도모하고 투쟁해야 할 공적인 일이 개인들의 사적 두려움과 불안에 머물고 있다. 너 나 할 것 없이 모두 떠안고 있는 두려움과 불안이라면 더 전면적인 대면이 필요하다.

"이야기란 삶을 나누고 연결하는 것입니다"

이야기청은 보통 사람들의 다양한 삶의 모습들을 총체적으로 보려 한다. 그들이 만나는 노년들은 대부분 일흔이 넘어서도 일을 하는 사람들, 고단하고 어려운 삶을 여전히 꾸리고 있는 사람들이다. 한가하게 이야기나 풀어놓을 형편이 아니다. 시간을 두고 조금씩 관계가 형성되면서 곁에 있는 사람이 믿을 만해질 때 이들은 기꺼이 이야기를 풀어놓는다. 그러나 노년들만 변화하는 게 아니다. 작가들도, 기획자들도 여러 갈래로 뻗어나가는 '여럿'의 원 안에서 더 긴밀하게 연결된다. 파트너 노년, 다른 작가들, 스태프들의 이야기를 통해서 친근감을 느끼게 되는 노년들과 심지어 파트너 노년들의 지인들과 협력하는 지자체의 행정직원들까지. 계속해서 이 '여럿'의 원은 다면적으로, 다층적으로 관계의 망들을 만들어나간다. 노년이든 그들의 삶이든 '덩어리'로 바라보지 않고, 특별한 이야기를 가지고 있는 개별 사건으로 접근하기에 가능한 일이다. 육끼는 이런 성격을 염두에 두고 이야기청의 활동을 "되게 신기한 작업"이라고 말한다. 우리는 〈밥줄〉 영상물을 만든 김선교 작가와 〈워크맨〉 동영상을 만든 채병연 작가의 작업에 대해 이야기를 나누면서, '이어지고 연결되는' 이야기청 작업의 특성을 더 자세히 들여다보았다.

전시회에는 작가들의 작업 후기를 소개하는 영상이 있었다. 이 영상에서 작가 김선교는 옷 만들고 수선하는 할머니와의 만남을 '만남 자체가 뭔가에 맞은 것처럼 머리가 띵하고 심장이 쿵쿵 뛰는 발견'이었다고 말한다. "나는 백화점 옷을 사 입은 적이 없어. 그건 내 자존심이야. 나는 옷을 만드는 사람이니까. 백화점에 가서 마음에 드는 옷을 발견하면 그걸 사다가 다 해체해. 그래서 어떻게 만들었는지 그 패

턴을 연구해. 그걸 내 작업에 적용하지." 할머니는 이렇게 도도하게 말씀하셨다 한다.

"시장에 있는 오래된 작은 수선 가게에서 지금도 일을 하시는데, 그분 마음속에 그런 중심 줄기가 쭉 이어져 온 거죠. 그 자존심이 할머니가 움직이는 동기가 되고, 가게를 유지하는 힘이 된 거죠. 시장에 계신 분들이 누가 와서 얘기 들어준다고 '아 고맙습니다. 나는 외로우니까' 하지 않잖아요. 보통 가면 다 대차게 여러 번 차이고, 또 찾아가서 얘기하고, 다시 또 찾아가고. '징그러 징그러' 하면서 마음의 문을 열어주신 건데 그때 나온 얘기들이 할머니를 알아보게 만든 거예요. '아, 할머니는 이런 생각을 하면서 여기서 일을 하셨구나!' 그걸 작업에서 재구성한 거죠. 할머니도 작가를 통해서 마음의 문을 열었고, 작가도 할머니를 통해서 마음의 문을 여는 그런 '띵-' 한 전반적인 과정이 있었다고 생각해요."[2]

〈워크맨〉 작업에서도 열리고 이어지고 연결되는 이야기 청의 특성은 확연했다. 〈워크맨〉을 보면서 나는 무엇보다도 뚜벅이 택배기사로 일하는 노년 남성 마음의 이중 구조를 포착해낸 작가의 세심함에 주목했다. 야구 모자를 쓰고 뚜벅이 택배기사로 일할 때는 '비즈니스맨'의 자신감을 내보이지만, 일이 끝나 야구 모자를 벗고 피곤한 눈을 쓸어내릴 때는 늙은 '할아버지'로 돌아가는 노년 남성의 모습을 잘 짚어냈다. 외국에 사는 자녀를 그리워하며 눈물을 흘리는 '할아버지'의 모습을 영상에 담을 수 있었다는 것은 작가가 그 노년 남성과 그만큼 가까웠다는 증거다. 육끼는 그가 매우 성실한 작업자라고 말한다. 그는 할아버지랑 술도 마시며 친구처럼 지냈고, 할아버지는 가족들이 보고 싶다는 이야기를 자주 했다. 이런 할아버지를 위해서 그는 자식들에게 대놓고 말하지 못했던 마음을 담은 영상 편지를 만드는 중이었다. 그뿐만이 아니다. 할아버지가 일하는 '송파 뚜벅이 택배' 홍보 영상도 만들 계획이었다. 뚜벅이 택배기사에서 외로운 할아버지로 돌아와 눈물 흘리는 한 〈워크맨〉 속 노년 남성의 이야기는 이야기청 멤버들을 울게 만든다.

"작업 과정 안에서도 같이 울고, 그렇습니다. 그런 얘기들이 우리 안에서는 또 사건과 이야기가 되어서, 이후에 할아버지랑 어떻게 관계를 맺어야 할지, 이야기청이 어떻게 협력하면 좋을지 하는 얘기들로 귀결되죠."

이야기청 이야기를 듣다 보니 '이야기란 무엇인가'라는 질문이 떠올랐고, 동시에 답도 같이 떠올랐다. "이야기란 삶을 나누고 연결하는 것입니다." 육끼는 나중에 내게 보낸 메일에서 이렇게 말했다. 그의 메일을 읽는데 나도 모르게 슬며시 웃음이 번졌다. 〈사사이람〉에서 보고 들었던 다양한 이야기들과 그 이야기들이 만든 연결망들, '사이의 집들'이 떠올랐다. 연결이 연대가 될 수 있을까. 연대가 될 수 있게 하려면 무엇을 어떻게 해야 할까. 육끼와 나눈 이야기청의 이야기는 우리를 이 질문으로 이끈다. 단초들은 여기저기에 있다. 65세부터 지하철 요금을 무료로 해주는 건 정부가 돈을 너무 낭비하는 것 아닌가 싶었다는 한 40대 후반 관람객은 〈사사이람〉을 보고 난 뒤, '아, 지하철이 공짜니까 이렇게 밖으로 나와서 사람들도 만나고 건강한 활동도 할 수 있구나, 다 이유가 있는 거구나'라고 생각하게 되었다고 했다. 나와 같은 날 전시회장을 찾은 한 남자 대학생은 이번이 두 번째 방문이라고 말했다. 그는 '한 분 한 분의 이야기를 자세히 살필수록 부모님을 더 깊게 이해하게 된다. 본가가 멀리 떨어져 있어서 일 년에 두세 번 밖에 못 가는데, 부모님이 그립다'며 내게 울컥하는 심정을 고백했다. 전시장을 찾은 노년 중에는 첫 작품에서부터 '내 이야길세, 내 이야기야'라며 눈물을 줄줄 흘리는 이도 있다.

세대 간 갈등이라는 정치 게임에 에너지 쏟지 말고, '노년들의 삶에 예술로 공감하는 이야기 집'을 여기저기 짓자고 제안하고 싶다. 예술 같은 건 저 좋아서 하는 일 아니냐며 '열정 페이'로 청년 작가들을 착취하지 말고, 그들이 내장하고 있는 '타인에 대한 호기심'과 재기발랄한 상상력을 노년들과의 협업에 쏟게 만들자. 모든 구 단위로 지자체가 적어도 한 집씩은 짓기로 한다면 청년 작가들은 지역에 뿌리내린 활동에다 할머니 친구들까지 생기니 기쁘게 나서지 않겠는가. 할머니 할아버지들이 누릴 자부심과 즐거움은 더 말할 나위가 없을 것이다. 하루 이틀도 아니고 여섯 달, 여덟 달을 드나들며 내 이야기에 귀를 기울이고 곁이 되어주는 청년들을 어디서 만나겠는가. 더구나 '예술가' 청년들을.

이야기하는 할머니

마지막으로 육끼에게 미래에 어떤 할머니가 되고 싶은지, 무엇을 하고 싶은지 물어보았다.

"이건 제가 평상시에도 하는 말이에요. 제가 40대 중반이니까, 25년 정도 활동하면 일흔이거든요? 활동 더 하고 일흔이 되면 이야기청 할머니로 이야기하고 싶은 게 제 꿈이에요. 만일 제가 그 30년 동안 이야기청 활동을 했다고 하면 이야기청 하면서 배웠던 삶의 지혜들을 멋있게 나누고 싶어요. 제가 말도 잘 못하고 부끄러움도 많아서, 인터뷰하거나 노출되는 걸 두려워해요. 그런데 그때쯤 되면, 그래도 일흔이 됐으니 조금은 나아지지 않을까요? 그때 다시 편안하게 선생님하고 이런 인터뷰를 하고 싶다는 생각을 했어요. 그때 이렇게 만나서 나이듦에 대해 이야기하면 참 좋겠다, 그때는 자연스럽게 술술 얘기할 수 있겠다고 말이죠."

육끼가 일흔이 되어 편안하게 인터뷰를 할 수 있을 때쯤이면 나는 아흔에 가까워진다. 그때까지 잘 들리고 인지능력도 쓸 만하다면 해볼 만한 인터뷰일 것이다. 어쩌면 나도 그전에 이야기청의 초대를 받아 내 살아온 내력을 젊은 작가의 손바닥 안에 소복이 털어놓을 수도 있지 않을까. 어떻게 아프고 어떻게 늙어갈지는 내 몸, 내 정신이라도 알 수 없는 일. 어찌 되었든 이야기청도 육끼도 잘 '나이 자시길' 빈다. 그때쯤이면 그의 꿈인 '이야기 담는 집'도 어딘가에 자리 잡고 있을 터다.

씨앗을 지키고,
세대를 잇다

환경운동연구가   김신효정

질풍노도의 20대 여자,
토종 씨앗 지킴이 할머니들에게 가다

"제가 20대 때 할머니들을 만났으니 굉장한 질풍노도
의 시기에 만난 거죠. 삶의 고민들이 지금도 많지만 그
때는 더 심하게 파도 속에서 출렁였죠. (…) '할머니
제가 이러이러해서 힘들어요.' 할머니들한테 이렇게
말하면, 되게 쿨하게 말씀하세요. '그래? 그러면 우선
밥부터 먹자!' 그렇게 밥을 챙겨먹고 나면…… 참 생뚱
맞은 게, 그 밥을 같이 먹으면 힘이 나는 거죠. 대단한
상담사랄까요? 제 문제를 좀 사소하게 만드는 것일 수
도 있지만, '다 지나간다'는 그런 이야기들이 때론 정말
고마웠어요."

부산에서 나고 자란 김신효정은 쌀이 나무에서 나는 줄 알
정도로 농사에 문외한인 도시인이었다. 지속 가능한 페미
니즘 운동을 고민하던 그는 20대 중반에 성매매 여성 지원
센터에서 일하던 것을 그만두고 농촌으로 가서 토종 씨앗
을 지키는 할머니들을 만났다. 그는 당시의 자신이 "농農에
관한 한 아무런 지식도, 감각도 없는 신생아"였다고 말한
다. 신생아 상태에서 만난 농부 할머니들은 놀라움 그 자체
였다. 그들은 씨앗을 보존하고, 씨앗으로 밭을 가꾸고, 밭에

서 난 먹을거리로 그날그날의 제철 밥상을 차리고, 때가 되면 씨앗을 거두고 나누고, 그중 가장 좋은 것들로 다시 다음 파종을 준비한다. 수십 년 계속되어온 채종·육종·파종의 순환을 제대로 감각하기까지는 시간이 걸렸지만, 할머니들 곁은 그다지 낯설지 않았다.

어머니가 맞벌이를 하느라 외할머니 손에서 자란 김신효 정에게 세상 모든 할머니들의 원형은 그를 키워준 외할머니다. 외할머니 역시 늘 제철 밥상을 차렸다. 당시 아파트며 공장이며 건설이 한창이던 부산에서 외할머니는 함바 밥집을 하며 홀로 다섯 아이들을 키우고 공부시켰다. 가장 싼 제철 식재료를 활용했기에 인부들 밥해주는 것으로 아이들 공부를 시킬 수 있었다. 김신효정은 연구를 위해 찾아간 농부 할머니들에게서 늘 외할머니의 흔적을 찾았다. 그분들의 발을 보면 외할머니 발이 생각나고, 손을 보면 외할머니 손이 생각났다. 냄새에서도 외할머니가 맡아졌다. 그것은 "지금도 너무나 그리운 꿉꿉한 냄새…… 일하면서 나는 땀 냄새, 짠 내…… 체취도 섞여 있고, 밥 냄새도 있죠, 매일 밥 지으니까…… 그런 일상의 노동이 가득 밴 냄새"다. 누군가의 냄새는 그가 일하는 노동 세계를 가리키고, 살아온 시간과 장소를 담고 있으며, 그동안 맺어온 관계들을 드러낸다.

토종 씨앗을 지키는 이 노년 여성 농부들[1]의 냄새 속에는 한국의 농촌에서 여든이 되도록 씨앗을 지키고, 농작물을 키우고, 살림을 하고, 아이들을 해 먹이고, 길쌈을 하고, 빚을 지고 갚아온 여성의 삶이 배어 있다.

'토종 씨앗을 지켜온 전문 지역 농부'로 발견되기 전까지 이들은 평생 그리 사느라 몸은 다 망가지고, 돈은 없고, 상처투성이에 뼈마디가 굵은 손으로 여전히 밭에 묶여 일만 하는 '늙은 할매들'이었다. 여성농민 운동 내부에서도 제대로 조명받지 못했다. 이념을 앞세우고 신념을 키우며 여성 농민운동을 하면서도 40, 50대 활동가들은 그들에게서 점차 다가올 자신들의 미래를 보지 못했다. 그러다 GMO(유전자변형 농산물)에 맞서 토종 씨앗 지킴이 운동을 하면서 활동가들은 이 할머니들을 새로운 눈으로 보게 되었다. 생태계에 GMO라는 변종이 나타나면서 할머니들의 씨앗이, 혹은 할머니들의 존재가 현재와 새롭게 관계 맺게 된 것이다. 그들은 토종 씨앗에서 GMO의 대항이자 대안을 발견했다. 한 해 지으면 끝이고 형질도 모두 똑같은 GMO 씨앗에 각기 다른 형질을 지닌, 그다음 해에 또 씨앗을 남기는 토종 씨앗이 대항한다. 이것은 농민 한두 명이 지켜온 게 아니라 세대에서 세대로 전승되어온 것이다. 그 모든 전승의 집합체인 토종 씨앗은 그래서 돈으로 사고팔지 못하는 공유 자원이다. 이것을 글로벌 기업들이 형질을 조금 바꿔서 GMO로 만들어 저작권이나 특허권으로 묶어놓고 사고판다. 토종 씨앗을 심는다는 것은 어마어마한 글로벌 자본 폭력의 한가운데서 벌이는 골리앗의 싸움이다. 골리앗을 맞아 싸우는 다윗들이, 바로 저 늙은 할매들이었다.

"그때까지 아무도 그 할머니들을 아름답게 보지 않은 거죠. 그냥 낡아가는 시골 장터 한 귀퉁이에 있을 것 같은 그런 존재로 본 거예요. 그런데 저분들이 사실은 씨앗을 50, 60년 지켜온, 정말 엄청난 전문가이자 능력 자이자 선배들이구나 깨달은 거죠. 나도 저렇게 씨앗을 지키면서 늙어갈 수 있겠구나, 자신들의 미래가 생긴 거죠."

여성농민회 활동가들의 할머니들 발견은 평생 농사노동자로 살아온 할머니들에게도 의미심장한 의식의 변화를 가져왔다. "여성농민회 하면서 늦게나마 깨었어.""땅만 파고 농사지었다면 이런 생활은 꿈도 못 꾸지. 여성농민회 들어가니 농사짓는 사람이 저래 똑똑하나 싶더라고. 열 명 모인 곳 가면 이만큼 시야가 넓어지는데, 100명 모인 곳 가면 더 시야가 넓어져."[2] 안동시 회장 3년, 경북도 회장 2년을 거쳐 중앙 부회장에 이르기까지 활동가로서의 역량을 강화해나간 고갑연 할머니의 자부심과 연대의식이다. 김신효정에게도 할머니들과의 만남은 도전이었다. "저는 농촌에서 할머니들을 연구한다는 게 얼마나 어렵고 힘든지 몰랐기 때문에 갔던 거예요." 촌에서 농사지으며 산다는 것이 구체적으로 어떤 것인지, 토종 씨앗 지키기가 어떤 고된 일상의 맥락 속에 자리 잡고 있는지 전혀 알지 못한 채 씨앗 지키는 할머니들을 찾아갔던 그는, 스스로의 말에 따르면, 그야말로 도시에서 온 "아직 탯줄을 끊지 않은 여자아이"였다. 80여 년을 농사꾼으로 살아온 할머니들을 연구하는 일은 '토종 씨앗 지키기'가 '토종 씨앗 지키며 생존하는 일'임을 몸으로 따라 하며 감각하고 체화하는 고단한 과정이었다.

"논문 쓴다고 서울에서 온 20대 여자아이를 할머니들이 보살펴주신 거죠. 그래, 궁금한 것 있으면 뭐든 물어봐. 다 얘기해주시고, 밥 차려주시고. (…) 한여름에 할머니들 앉혀놓고 두세 시간 인터뷰 못 해요. 할머니들은 온종일 농사노동과 가사노동의 얼개 사이에서, 통합적인 시공간에서 몸을 움직여요. 이야기 잠깐 하는데 갑자기 막 비가 쏟아져요. 그러면 처마 밑에서 얘기 좀 해요. 그러다가 갑자기 '아, 내가 저거 치워야 되는데' 하시곤 갑자기 막 산으로 뛰어가세요. 그러면 저도 산으로 쫓아가야죠. 그러다가 비가 그치고 해가 나요. 그러면 갑자기 또 옥수수밭으로 가세요. 그러면 저는 이제 옥수수밭에서 녹음기를 들고 할머니 뒤를 따라다니게 되는 거죠. 옥수수밭이다 보니 할머니가 또 옥수수 씨앗에 관한 얘기를 하시고⋯⋯ 굉장히 힘들죠. 저는 한 번도 8월의 한여름 땡볕 아래 밭에 있어본 적이 없잖아요. 정말 너무나 고되고 힘들더라고요. 할머니들은 거기서 그렇게 일하시는 거예요. 그래서 뭐라도 돕겠다고, 호미 들고 저도 같이 하겠다고 하면, '그래, 함 해봐라' 하시죠. 그럼 할머니 대여섯 고랑 맬 때 저는 한 고랑 겨우 매고 옆에 쓰러져 있어요."

농사노동과 가사노동의 '빡센' 씨줄과 날줄 속에서 식구들의 생존을 책임지는 이 70, 80대 할머니들은 지구촌 곳곳에서 토박이 씨앗을 지키는 다른 지역주민들과 연결되어 있다. 소위 녹색혁명이 획책한 산업형 농업, 몬산토를 비롯한 글로벌 기업의 씨앗 독점, 그리고 GMO에 저항해 씨앗 지킴이들은 종의 다양성을 지키는 소농을 지향한다. 씨앗의 자유와 다양성은 은유가 아닌 유물론의 실재 차원에서 지구를 살리고 지구인들의 자유로운 공존을 지원한다. 이성애자와 트랜스젠더와 침례교인과 히피와, 노란 과육을 검은색 껍질이 감싸고 있는 감자와 가뭄에 적응한 보라색 옥수수 등등 모든 실재하는 것들 사이를 가르는 경계는 없다. 씨앗 지킴이들에게 유전적 다양성은 '인류와 세계적 기근 사이의 울타리'다. 현재 인류는 빙하기 이후로 가장 심각한 기후변화를 맞이하고 있으며, 지구에 존재하던 작물 중남은 것은 겨우 4퍼센트다. 씨앗 지킴이들에게 씨앗들을 보존하는 '노아의 방주'는 후대 세대를 향한 절실한 약속이고 가장 뜻깊은 유산이다.[3] 씨앗은 배아다. 수천 년 과거의 에너지가 축적된 씨앗에는 미래의 생명이 담겨 있다. 씨앗을 심고 지킬 때, 매번 배아가 최고로 아름답고 멋진 생명으로 자라날 수 있도록 지혜와 정성을 다 쏟아야 한다. 그렇게 매년 달라지는 기후와 토양에 적응한, 토착화한 튼튼한 씨앗만 남겨 노아의 방주를 지킨다.

김신효정이 만난 씨앗 지킴이 할머니들에게 토종 옥수수 '들'을 심고, 토종 밀 '들'을 심고, 토종 콩 '들'을 심는 것은 단순히 돈이 되는 생산의 문제가 아니다. 다양한 종류 하나하나를 그 특성에 따라 구별하고 지키는 태도는 씨앗 지킴이에게 필수다. 삶/생명을 대하는 충실함과 대단한 영민함이 아니면 할 수 없는 일이다.

> "중콩, 콩나물콩, 팥, 동부, 녹두, 준저리콩, 강낭콩, 완두콩도 있고, 다 있어. 팥은 왕팥이라고 빨간 거. 잔팥, 이팥, 재색팥도 있어. 글팥이라고. 글팥은 글 갈을 때 심는다고 있어. 보리 심고, 밀 비어 내고 심는 것을 옛날에는 글 갈을 때 심는 거라고 했어. (…) 굼벵이동부도 있고, 흰동부, 눈껌쟁이, 꺼먹동부, 재색동부도 있고, 별거 다 있어. 다섯 가지도 넘어."[4]

충남 부여의 한건우 할머니가 본인이 책임지고 지키는 토종 콩과 팥들을 이렇게 하나하나 이름으로 부르고 설명한다. 한건우 할머니는 이외에도 충청도 지역의 대표적인 토종 생강과 흰당근, 토종 삼동파, 토종 가지 등 각종 작물의 씨앗을 지켜왔다. 물론 그에 따른 농사법 또한 훤히 꿰고 있다. 그러나 발전주의 농업 정책이 주를 이루는 한국 사회는 이 지식을 소중히 여길 만큼 각성하지 못했다. 씨앗 지식을, 그것도 '늙은 여자들'의, 날마다 반복하는 살림노동과 구분이 안 되는 지식을 귀하게 여기고 농사 문화유산이라 생각하기엔 '건강한 삶'에 대한 인식이 너무나 일면적이고 도구적이다. 식량주권을 빼앗기고 겨우 열 몇 종류의 곡물·식물로 연명하며 그 빈곤을 깨닫지 못하는 삶이 거시적 맥락이라면, 미시적 차원에서 우리의 허기진 일상은 그것의 구체적 모습이다.

할머니들의 밥상, '허기'의 방파제

토종 씨앗을 지키는 할머니들의 삶에서 씨앗과 밥상과 레시피는 유기적으로 연결되어 있다. 이 연결 고리의 핵심은 '해 먹이기'로서의 집밥이다. 경남 함안에서 '애밀'이라 불리는 토종 호밀을 농사지어 밀장을 담그는 김순년 할머니의 경우를 보자. 씨앗도 밀장 담그는 법도 모두 시어머니에게서 물려받은 할머니는 자식들이 좋아하기에 계속 밀장을 담그고, 밀장을 담그기 위해 애밀 씨앗을 보존한다. 할머니들은 대부분의 씨앗을 텃밭에서 지켜왔다. 그래서 곡류와 채소가 많다. 그것은 한국뿐 아니라 다른 나라들에서도 마찬가지다. '먹어야 심는다!' 왜 할아버지들이 아니고 할머니들이 종자씨앗 지킴이가 되었는가에 대한 대답은 바로 이 단순명료한 원리에 들어 있다. 씨앗이 시/어머니에게서 며느리/딸에게로 전승된 까닭도 여기에 있다. "우리 어머니가 시집갈 때 씨앗 주시면서, 아무리 흉년이 들어도 씨앗은 지켜야 한다고. 씨앗은 꼭 지켜야 한다고. 씨앗이 무지하게 중요하다고 하셨어."[5] 전남 순천에 사시는 한숙희 할머니의 말씀이다.

"옛날에는 씨앗 종류마다 다르게 보관했어요. 어떤 것은 장독에 보관하고, 어떤 것은 부엌 가마솥 위 천장에 매달아 그을음을 씌워 보관하고. 어떤 것은 방에다 놓아두고. 그런 식으로 가사노동의 구석구석에 씨앗의 존재가 있었죠. 또 이게 재산이잖아요. 농사꾼한테 씨앗은 재산이거든요. 이 재산을 곳간 열쇠 주듯이 며느리한테 주는 거죠. 한국뿐만 아니라 다른 나라에도 그런 경우가 많아요. 제가 태국의 수림이라는 지역에 갔었는데, 거기에선 결혼할 때 씨앗이 혼수 예단 중 하나 더라구요."

김신효정이 만난 할머니들은 여성농민회를 만나 토종 씨 앗 지키는 일의 전 지구적 의미를 확인하고, 어떻게든 후세 에 유산으로 남겨줘야 한다는 사명감도 점점 더 깊게 새긴 다. 이동거리 제로, 탄소 발생률 제로인 진정한 로컬푸드 밥 상. 이 명제에 앞서 그들을 추동하는 힘은 '내 새끼들'을 위 한 밥상 차리기다.

"하여튼 우리 자식들이 잘 먹는 것이기 때문에 놓치면 안 되는 거죠. 시장에서 안 파는 건데 내 큰딸이, 둘째 아들이 제일 좋아하는 종류의 고추, 제일 좋아하는 종 류의 토종 가지, 손주가 좋아하는 뭐…… 그래서 이걸 놓치면 안 돼요. 계속 잘 먹이는 게 중요하니까요. 농 사를 짓는다는 게 결국은 먹는 일인 거잖아요. 그렇기 때문에 밥상을 지키기 위한 사명감이기도 한 거죠. 할 머니의 밥상은 항상 누군가와 관계가 있어요. 본인이 먹고 싶어서 차리는 건 드물어요. 반찬 설명할 때, 이 건 우리 큰딸이 좋아하는 고추지, 이건 우리 둘째 아들 이 좋아하는 가지나물이지…… 밥상에는 항상 누군가 에 대한 마음이 담겨서 올라오는 것 같아요."

먹는 일은 사회·정치·경제가 구조적으로 추동하는 문화적 행위이기도 하다. 가부장제에서 여성이 무임금으로 수행했던 가사노동과 '내 새끼들' 키우기와 종자 씨앗 농사가 유기적으로 (운명의 족쇄로!) 연계되어 있던 역사적 현실을 고려할 때, 이 할머니들의 삶에서 오늘날 우리가 주목해야 할 것은 집밥과 모성의 가부장적 가족 이데올로기가 아니다. '생태 순환' 속에 있는 집밥의 의미다.

임순례 감독이 만든 영화 〈리틀 포레스트〉에는 서울에서 직장 생활을 하다가 시골집으로 돌아와 텃밭을 가꾸며 매끼 자신이 키운 농작물로 음식을 만드는 20대 여성 혜원이 등장한다. 갑자기 시골집으로 돌아온 이유를 묻는 친구에게 그녀는 '허기져서'라고 답한다. '허기'라고, 영화는 정확하게 말한다. 불확실성의 안개 속에서 생존경쟁의 무한궤도를 내달리는 도시의 청년들은 점점 더 허기진다고, 영화는 혜원을 내세워 말한다. "왜 이렇게 먹고 또 먹어도 배가 고픈 걸까"라는 말에서처럼 허기는 헛헛한 마음의 은유로 종종 쓰인다. 그러나 지금 우리 시대에 허기는 제대로 잘 먹지 못해, 문자 그대로 삶의 질이 형편없이 낮아지는 상태를 가리키기도 한다. 맛집 탐방에서 '쿡방'과 '먹방'으로, '혼밥'에서 엄마의 정성과 손맛이 있는 '집밥'으로 가지 쳐온 한국 사회의 음식·미디어 문화와 음식 취향·소비의 흐름 속에는 허기가 있다. 은유로서 그리고 실제로서.

어느 사회에서든 먹는 행위는 사회적이고 공동체적인 행위다. 한국 사회는 '식구'라는 말이 있을 정도로 밥상 소속을 중요하게 여긴다. 그러나 달라진 노동 사회 환경 속에서 사람들은 여러 가지 이유로 직접 요리를 하지도, 밥을 같이 먹지도 못한다. 1인 가구와 맞벌이 부부의 증가, 노동 시간의 유연화, 시간·돈 등 물질적 자원의 결핍, 함께 밥 먹을 사람의 부재 등 이유는 다양하다. 다이어트를 위해 식욕을 억제해야 한다는 강제도 만만치 않다. 풍요로움을 자랑하며 화려하게 펼쳐지는 '쿡방'과 '먹방'은 밥상 소속의 허구성을 지연시키고, 은유와 실제로서의 허기를 이미지로 대체한다. 엄마로 대표되는 여성 요리 연구가들이 살림을 위한 교양을 전달한다면, 전문성을 강조하는 남성 '쿡테이너' 셰프들은 라이프스타일과 판타지를 상품으로 전시한다. 이 와중에서 일종의 신드롬으로 귀환한 '엄마의 정성과 손맛'이 있는 '집밥'은 집 밖에서 대량 생산된다. 이 모든 현상을 요약하면 쿡방을 보면서 배달 앱을 누르고, 집 밖에서 획일화된 집밥을 사 먹는 역설이 남는다. 그리고 역설로 마무리되지 않는 불편한 진실이 있다. 늘 집밥을 지어 먹이던 엄마의 노동과 집 밖 식당에서 주방을 지키는 요리사들의 노동, 그리고 라면 스프와 단무지, 고시텔 밥으로 연명하는 '흙밥' 생존자들의 빼앗긴 식사권이 그것이다. 발전주의적 생산성의 가치에서 순환하며 공존하는 다양성으로 밥상의 패러다임을 전환하고, 밥/상과 관련된 노동을 정의롭게 나누며, '서로 해 먹임'으로 집밥의 의미를 바꿔내면 우리의 삶도 조금 덜 허기지지 않을까.

오래된 미래

보통 도시인들은 TV 프로그램들이나 다큐멘터리가 재현하는 농촌과 농촌의 '어르신'들을 보면서 농촌을 낭만적으로 상상한다. 탐구 없는 즉각적인 낭만화 속에서 특히 농촌 할머니들은 도시인들이 상실한 '마음의 고향'이다. 그들의 '순박하고 순수한' 웃음은 비상식량 같은 것이다. 그러나 그 순박함이 얹혀 있는 노동의 시간들, 그 지층들 아래로 내려가지 않는 도시인들의 태도는 전형적인 문화소비자의 태도다. 그 노동의 시간들 아래로 내려가면, 김신효정이 '짠하다'고 표현한 할머니들 삶의 지층을 만나게 된다.

> "할머니들을 보면 사실 짠한 마음이 제일 커요. 사람의 힘, 생존의 힘이라는 게 정말 대단하구나! 할머니들의 생애사를 들어보면 일제강점기, 6·25전쟁, 그리고 박정희 정권 시기 새마을운동이라는 이름으로 벌어진 말도 안 되는 국가폭력들이 줄줄이 나오거든요. 새마

을운동은 특히 농촌을 거덜 내는 운동이었죠. 농민들이 원치 않아도 정부 정책대로 따라갔어야 했기 때문에…… 그 시기에 전통 씨앗들이 다 사라졌어요.

아무래도 할머니들 세대가 살아온 여성으로서 삶이 참 안타깝고 짠하죠. 근데 그건 농촌 할머니들뿐만 아니라 도시에 살았던 저희 할머니도 마찬가지였던 것 같아요. (…) 그런 부분이 있고 또 다른 짠함이 있는데 그건 감동적인, 코끝이 찡한 어떤 짠함이에요. 할머니가 땅과 씨앗과 바람과 맺어온 관계의 이야기들. 도시에서는 제가 한 번도 들어보거나 느껴본 적 없는 것들이었어요. 할머니들이 고생만 하신 게 아니라는 걸 알게 되죠. 오히려 도시에 사는 사람들은 모르는 자연과의 관계…… 땅이랑 씨앗이랑 관계 맺으면서 살아오셨기 때문에 거기서 받는 힘이 정말 많은 거예요. 일상이 항상 고됐는데, 할머니들은 그냥 되게 무덤덤하게 건조하게 말씀하세요. 기후변화 때문에 갑자기 비가 많이 오거나, 갑자기 비가 안 내리거나 하면 이제 끝인 거예요. 그러면 한 해 한 해 농사지어서 열두 달을 먹고살아야 하는 사람들은 일 년 내내 못 먹고사니까, 다들 수입보다 빚이 많아요. 통계가 그래요. 우리나라 농민들은 소득보다 빚이 더 많아요. '이렇게 농사가 안 되면 어떻게 해요. 너무 걱정돼요.' 노동 값으로 밥 벌어

먹고 사는 도시인의 눈으로 제가 이렇게 말하죠. 그러면 할머니가 '잘될 때도 있고 안 될 때도 있지. 그것은 하늘이 해주는 거야'라고 말해요. 이건 수십 년 농사를 지어본 사람의 말인 거예요. '그것은 뭐 순리대로 하는 거다. 오히려 내가 한 것보다 얘네들이 더 많이 준다' 그런 얘기를 하시죠."

수십 년간 역동적으로 무섭게 변하는 자연과 함께 움직이며 살아온 할머니들의 시간 감각은 남다르다. 봄의 리듬, 여름의 리듬. 계절마다 리듬이 다르다. 파도를 타듯 계절의 리듬을 타며 밭에서 '자라나는 것들'의 변화를 긴 세월 애지중지 지켜온 이들의 시간 감각은, 365일 동일한 속도로 일정표를 지키며 사는 도시인들에겐 어쩌면 아직 싹트지 않은 감각일지 모른다. 인공지능이 아닌 땅과 몸의 지능으로 한 해 한 해 살아온 할머니들의 시간 감각은 후배 여성들에게 이런 조언으로 도착한다. "마음을 급하게 생각하지 말고 느긋하게 생각하고, 거짓 없이 진실하게 살아라. 자신을 믿고 느긋하게 사는 것 그 이상은 없는 것 같아."[6] "먼 데 걱정 땡겨 하지 말고. 안 되는 것은 잊고 살아."[7]

나도 저렇게 씨앗을 지키면서 늙어갈 수 있겠구나.
자신들의 미래가 생긴 거죠.

무언가를 살리는 사람

김신효정은 전국 팔도에 아는 할머니가 있고, 언제든 가면 제철 밥상 앞에 앉을 수 있는 할머니 부자다. 그런 김신효정에게 나는 마지막으로 '어떤 할머니가 되고 싶냐'고 물었다.

"20대에 할머니를 만나면서 '나는 어떤 할머니가 되어야겠구나' 상상할 수 있었어요. 엄마가 50대 중반에 돌아가셔서 어떻게 늙어가는지 보지 못했거든요. 가까이에서 오래 본 건 아니지만 할머니들을 통해서 할머니로 산다는 것, 늙어간다는 것에 대해 다양한 모습을 봤어요. 특히 삶에 어려움이 닥쳤을 때 어떤 힘으로 버텨낼 것인가를 할머니들을 통해서 직접 보고 배운 것 같아요. '지나가겠지' 또는 '버텨내지겠지' 그런 힘들을 배웠죠. 포기하지 말고, 버텨보자. 태풍도 버텨보고, 가뭄도 버텨보고, 장마도 버텨보자. 그러면 결국은 또 씨앗을 맺더라. 한 알일지라도 결국에는 씨앗을 맺는다. 밭을 일구는 할머니들을 보면 다리도 고장 나고 허리도 고장 나서 너무도 고단하지만 생명의 기운이 느껴졌어요. 아마 항상 무언가를 살리는 사람들이라 그런가 봐요. 저는 그런 할머니가 되고 싶어요. 다양한 삶의 풍파를 살아낸 단단하면서도 생명력 넘치는 할머니가 되고 싶어요. 죽음을 향해 가는 존재가 생명력이 넘친다는 게 어딘가 모순적이긴 하지만, 또 다른 의미의 생명이 아닐까 싶어요."

김신효정의 말을 들으며 나는 영화 〈매드맥스〉의 장면을 떠올렸다. 역사상 최대의 기근과 불임으로 황폐하게 멸망해가는 지구에서 하얗게 늙은 할머니들이 적들에 맞서 최후의 격전을 벌인다. 할머니들은 품에 씨앗 주머니를 간직하고 있다. 영화 밖에서는 급진적 생태주의자들이 '자연의 습격'이라고 부르는 코로나19 바이러스 팬데믹이 우리가 공존해야 할 현실로 자리 잡고 있다. 과거와 현재, 미래를 잇는 '할머니'라는 다리. 할머니 지킴이들이 더 많이 발견되어야 한다.

이제, 밥 먹을 때다. "쌀 한 톨의 무게는 생명의 무게, 평화의 무게, 농부의 무게, 세월의 무게, 우주의 무게."[8] 노래를 온몸, 온 마음으로 부른다.

2부

테두리를 넓히는 사람들

호기심 가득한 장애여성
노인을 꿈꾸다

장애여성공감 공동대표   조미경

나, 장애여성 조미경은 이런 사람입니다

장애여성공감(또는 '공감')의 공동대표 조미경을 목소리로 만났다. 보청기를 사용하는 그는 특별히 조용하지 않은 분위기에서는 정확히 듣고 소통하는 일에 어려움을 느낀다. 우리가 각자 조용한 자신의 장소에 머물면서 휴대폰으로 대화를 나눈 이유다. 재가 장애여성이었던 그는 19세에 집 밖으로 나와 세상을 만났다. 노들장애인야학에서 3년 투쟁 현장을 경험한 후 2006년 장애여성공감으로 와서 지금까지 활동하고 있다. '공감'에서 그는 언어장애가 있는 여성들의 자조모임에서 언어 소통 활동 보조를 했고, 장애여성독립생활센터 [숨]의 책임자로 일했다. 2022년 현재 그는 이진희와 함께 '공감'의 공동대표를 맡고 있다.

"호기심이요, 스릴감 느끼는 걸 되게 좋아해요!"

친해지고 싶은 사람에게 자신을 소개한다면 무엇을 제일 먼저 알리고 싶으냐는 질문에 조미경은 대뜸 이렇게 말한다. 1975년생, 골형성부전증으로 골절의 상시적 위험과 함께 평생을 살아온 그의 목소리에서는 참을 수 없는 호기심 에너지가 발산되고 있다.

"어렸을 때 꿈이 모험, 오지 여행 다니는 거였어요. 이제껏 못 해봤기 때문에 더 갖게 되는 로망이죠. 청룡열차도 타보고 싶고…… 그런데 장애 때문에 할 수가 없어요. 이상과 현실이 너무 다른 거죠. 안 먹어본 음식 먹어보고, 동네도 안 가본 데 가보고…… 제가 현재 할 수 있는 건 그런 거죠, 소소하게. 어쨌든 새로운 걸 경험하는 거, 그걸 되게 좋아해요. 저는 원래 소심한 성격이 아니에요. 그런데 장애로 인해 매우 절제된, 신중한 삶을 살게 되는 거죠. 소심해진 거예요. 하지만 성향은 못 버린다고, 호시탐탐 저만의 일탈을 꿈꾸면서 또 항상 이상과 현실의 괴리를 느끼면서 살고 있어요."

그가 원하는 건 전혀 모르는 세계에서 매 순간 '예기치 않게' 맞닥뜨리는 스릴이지만, 철저한 정보 수집과 준비를 앞세우지 않는 여행이나 장소 이동이란 그에겐 결코 있을 수 없는 일이다. 30대에 처음 해외여행을 시도할 때도 '이 순간이 아니면 앞으로 절대 못 할 거라는 절박함'과 활동 보조를 해주는 파트너가 있었기에 가능했다. 화장실부터 시작해서 편의 시설, 숙소, 이동 수단 등등. 언제든 뼈가 부러질 수 있는 상황을 염두에 두어야 하는 여행자의 준비는 꼼꼼하고 또 철저해야 했다.

장애가 심해지는 건지, 나이가 드는 건지

'골절 변천사, 그리고 파란만장한 사고사'라는 말이 가능할 정도로 조미경의 삶은 골절의 역사이기도 하다. 옹알이하던 시절부터 시작해 지금까지 뼈가 부러지고 또 부러졌다. 100번 넘게 부러지던 뼈의 역사는 30대 이후 전환점을 맞이한다. 부러진 뼈가 더 이상 붙지 않게 된 것이다. 뼈가 완전히 두 동강 나는 큰 골절의 횟수가 줄어든 것이 다행이라면 다행일까. 현재 그가 믿고 의지할 수 있는 사지는 왼쪽 팔뿐이다. 오른쪽 팔과 왼쪽 다리의 뼈가 부러진 상태에서 오른쪽 다리가 심하게 휘어 발뒤꿈치가 허벅지에 밀착해 있기 때문이다. 뼈가 붙지 않아 골절된 상태로 살아야 한다는 사실을 그는 '몸에 대한 정상성의 기준이 또 하나 깨져나가는 희열'로 받아들였다.

장애인들 사이에서 소위 '골파'로 불리는 골형성부전증 장애인 중에서도 최중증 장애인인 그는 통상 노화의 과정이라고 알려진 거의 모든 신체적 특징들을 이미 충분히 경험하고 있다. 심하게 딸리는 체력은 더 이상 말할 필요도 없다. 2020년부터 이미 일주일에 두세 번 출근도 버거워했던 그의 신체 나이를 사무실에서 함께 일하는 동료들은 80대쯤으로 가늠한다.

"나이듦을 상징하는 것들이 있잖아요. 휠체어를 탄다거나, 틀니를 착용한다든가, 보청기를 장착한다거나 돋보기를 사용한다거나…… 저는 태어날 때부터 한 번도 걸어본 적이 없으니 휠체어를 타는 건 말할 것도 없고, 30대 초반에 뼈가 약하니까 아랫니가 다 부러졌어요. 그래서 틀니를 사용하게 됐거든요. 40대에 들어서선 돋보기도 사용하고 작년부터는 보청기가 없으면 듣지 못하고요……. 그런데 틀니는 노년의 대표적인 상징물이고, 코미디 프로에서도 종종 희화화되곤 하잖아요. 30대 초반의 젊은 여성이 틀니를 한다는 건 상상하기 힘든 일이죠. 그래서 저 또한 틀니를 하고 있다는 것을 밝히는 데 주저한 부분이 있었지만, 솔직히 며칠 가지 않았어요. 제 주변에선 다 알게 되었죠. 틀니는 원래 온종일 끼고 있다가 저녁에 빼는 식으로 사용하게 되는데, 저는 틀니가 잘 안 맞아서 먹을 때만 사용해요. 그러다 보니 수시로 뺐다 끼웠다…… 아랫니가 다 부러져서 없는 상태지만 평소에는 틀니가 없는 상태로 지내는 거예요."

독일의 유대계 철학가 발터 벤야민은 20세기 초 파시즘의 전조 속에서 파국으로 치닫는, 폐허의 잔해만을 쌓을 뿐인 역사를 우울하게 응시하며 '천상의 명랑함'과 웃음에서 구원의 실마리를 찾으려 했다. 비극적 세계관에 압도당해 깊은 침묵에 잠기는 영웅적 단독자가 아니라, 웃음으로 파동을 만들며 결빙된 세상을 경쾌하게 흔들어 부수는 민중의 세계관과 태도에서 희망을 본 것이다. 코로나 재난이 전 세계를 휩쓸고 지나가는 이 우울한 비극의 시기에 우리에게도 더 많은 웃음의 파동이 필요하다. 그런데 '천상의 명랑함'이란 어떤 명랑함일까. 천상의 명랑함을 지닌 사람은 어떻게 웃을까. 이것이 궁금한 사람은 조미경을 만나보라고 권하고 싶다. 조금이라도 더 원활한 소통을 위해 청력이 그나마 남아 있는 왼쪽 귀에 핸드폰을 바짝 대고 진행한 인터뷰 내내 그는 명랑했고, 크게 웃었고, 즐거워했다. 무엇보다 틀니 이야기를 들려줄 때 그녀의 '천상의 명랑함'이 한껏 만개했고, 우리 두 사람은 웃느라고 숨을 헐떡거릴 지경이었다.

"제가 틀니를 하게 되었을 때…… 그전에는 보철을 사용했는데, 이젠 보철로도 어쩔 수 없어서 틀니를 사용해야 한다고, 제 담당 의사 선생님이 그 순간을 결정하면서 우시더라고요. 눈물을 글썽했어요. 어쨌든 나이도 젊은데 틀니를 끼게 되면 입 모양이 변하기도 하고 얼굴의 변형도 오고…… 일상생활의 어려움도 있는데 벌써 그걸 경험하게 되는 게 안쓰러우셨나 봐요. 제 장애 특성상 10년 이상 알고 지내던 분이라서 그분이 그러시는 게 언짢지 않았어요. 아니었다면 '나를 동정하나' 싶어 기분이 안 좋았을 수도 있겠죠. 저는 사실 그게 별로 크게 다가오지 않았거든요. 단지, 앞니가 없는 상태면 사회생활을 할 때 면面이 팔릴 것 같은 거? 하하하…… 사실 그게 저의 성격일 수도 있는데, 그런 걱정이 하루 이틀 갔나? 며칠 안 가서 활동가들한테 '아, 나 어떻게 해, 이제 사회생활 어떻게 해'라며 밝히고…… 그러고 나서 한 일주일 정도 틀니를 뺐다 끼웠다 하면서, '나 틀니 빼고 올게', '아, 나 틀니 없어서 못 먹어'라고 말하고…… 심지어 틀니가 사무실 바닥에 떨어져서 순간 서로 깜짝 놀라고 당황스러워하다가 '어머, 미경 님 틀니 아니에요?'라고 동료가 말하고…… 틀니를 빼서 휠체어에 넣으려던 순간 손에서 놓쳐 떨어진 거였어요. 그러면서 제 주변에 있는 사람들은 틀니가 너무나 익숙해진 거예요. 틀니가 노년의 상징이고 희화화의 대상이지만 저와 같이 지내면서 틀니가 그다지 낯설지 않게 된 거죠. 심지어 활동가 워크숍 때 화장실에서 틀니를 세척하고 치아통에 넣고선 그걸 세면기에 놓고 와버린 거 있죠. 나중에 다른 활동가가 보고 '이거 미경 님 거네?' 하면서 가져다주기도 하고…… 그러다 보니, 어쨌든 제가 농담처럼 '틀니에 대한 여러분들의 편견, 저로 인해서 깬 거 맞죠?'라고 말하게 된 거죠."

빠른 속도로 초고령화가 진행되는 한국 사회에서 틀니는 노화의 상징으로 희화화될 뿐만 아니라, 노년 혐오의 매개물이 되었다. 한국 사회에서 가장 먼저 나타난 노년 혐오 표현이 바로 (틀니가 '딱딱' 부딪쳐 내는 소리를 빗댄) '틀딱'이다.[1] 틀니 이야기로 한참 파안대소했지만 정작 조미경은 '틀딱'이라는 용어를 알지 못했다. 얼굴을 중심으로 한 외모로만 본다면, 유달리 동안童顏인 그가 주위 사람들로부터 '틀딱'이라는 혐오 표현을 들을 일은 50대나 60대가 되어도 없을 것 같다. 이런저런 손상을 입고 그로 인해 생활 전면에서 장애와 맞닥뜨리며 살게 된다는 것이 곧바로 노년 되기로 이어지는 건 아니지만, 노년과 장애인의 삶은 사회문화적으로 상당 부분 유사하게 구성된다.

통상적으로 우리는 고령이나 장애로의 이행을 특정한 유형의 신체 손상이나 인지 손상으로 인식한다. 그러나 가시적인 신체·인지 손상을 과도하게 부각하는 것은 노년기에 '어떤 손상'이 정상적인 또는 비정상적인 것으로 여겨지는가와 상관되는 문제, 즉 문화의 문제다. '노년이 된다'는 것은 무엇인가? 생물학적으로 확정할 수 있는 신체의 쇠약함인가? 노화된 혹은 손상된 신체가 초래하는 의존성의 문제인가? 그로 인해 축소되는 사회적 관계나 활동인가? 기능약화와 의존성에 대한 강조는 노년과 장애인을 만나게 한다. 몸과 정신의 '기능성'에서 소위 정상성 규범이 제시한 기준에 미치지 못한다고 여겨지는 노년과 장애인은 안전과 보호의 이름으로 실생활에서 전반적인 감시와 제약을 받아들여야 한다. 사회는 안전을 내세워 이들에게 가해지는 특정 규율을 정당화한다. 생산성과 독립성, 젊음, 속도, (미래라고 일컬어지는 한 방향으로의 불가역적 진행으로 이해되는) 진보, 자본주의 노동 윤리 등은 서로 맞물리면서 노골적으로 노년과 장애인을 피보호자의 자리에 눌러앉힌다.

그러나 조미경의 예처럼 생애사의 관점에서 포착된 장애인의 정체성은 이런 주장의 허구성과 편파성을 통쾌하게 부순다. '자기 이해'의 서사란 사회적 관계들의 교차적 만남 속에서 형성되는 '자기'를 계속 재해석한 결과다. 어떤 신체적·정신적 상태에 있든 각자의 삶에는 소망도 있고 갈등과 불안도 있다. 권리나 의무뿐만 아니라, 자발성에 기원을 둔 윤리적 책임도 있다. 피할 수 없는 모멸과 수치심, 억울함의 만남도 있다. 장애인이나 노년들 각각이 갖는 '자아 정체감'이 반드시 신체적·정신적 기능성이라는 조건과 일치하지 않는 이유다. 최중증 장애인인 조미경의 이야기는 이것에 관한 놀랍도록 명료한 증언이다. 그의 몸은, 그의 몸이 살아내는 그의 삶은 매우 의존적이며 동시에 대단히 자율적이다. 그는 휠체어를 비롯해 보청기나 틀니·인공호흡기·돋보기 등 의료기기에, 그리고 활동지원사와 파트너·동료에 '기대어서/매달려서dependent' 산다. 잘 기대고 매달려

왔다. 그의 기대고 매달리는 기술력은 기대면서 삶을 조율해온 긴 역사의 소산이다. 19세까지 '집 안'에 갇혀 있던 시간과 이후 '집 밖'의 여러 장소와 공간에서 동료와 친구·애인을 만나며 엮어온 시간은 그의 '자기'가 단순히 신체 상태로 환원될 수 없는 것임을 여실히 증명한다. 그가 명랑한 목소리로 들려주는 48년간의 삶은 '의존할 수 있는 대상이 늘어날수록, 그래서 선택의 가능성이 커질수록 더욱 자립할수 있다'는 명제의 투명한 구현이다.

진화하는 장애, 익숙하면서도 익숙해지지 않는 통증

> 나이가 들수록 나의 장애가 진화하는 속도도 빨라져서 최근에는 예고도 하지 못한 채 출근을 못 하는 날들이 잦아지고 있다. (…) 나의 몸은 앞으로 또 어떻게 변화할지 모른다. 예측할 수 없기에 스릴 있고, 예상치 못한 배움의 연속일 것이다. 나는 변화하는 나의 몸을 마치 애도하듯이 맞이하고 싶지 않다.[2]

일과를 마치고 사무실을 나오면서 동료들과 나누는 "내일 만나요!"라는 인사는 이제 조미경에겐 진정 간절한 소망이다. 그만큼 장애가 빠르게 심화하고 있다. "어제보다 훨체

어에 올라가기 힘들어지고, 들리던 소리들이 들리지 않게 되고, 글씨들이 선명하게 보이지 않게 되고, 숨 쉬는 게 좀 더 힘들다고 느껴질 때면 어제의 나의 몸이 그립고 우울감이 드는 순간들이 있다"고 그는 말한다.[3] 내일을 예측할 수 없는 몸은 '애써 일궈놓은 일상'이 아무런 예고 없이 깨질 수 있다는 불안을 낳기도 한다. 그럼에도 나이가 들수록 심화하는 장애를 그는 '진화'라고 표현한다. 신선한 호기심을 불러일으키는 말이다. 비장애인이면서 점점 더 다양한 손상과 함께 살게 된 60대 중반의 나에게 이 어법은 매우 독특한 각성의 계기를 선사한다. '진화하는 장애'라는 말로 그가 표현하고 싶었던 것은 무엇일까.

"저도 사람인지라 두려움이 없을 수는 없죠. 어떤 때는 긍정적인 마음보다 부정적인 마음이 더 들기도 하고, 당연히 그렇죠. 그러나 그것이 전부는 아니다. 두렵고 우울하고 이런 것들이 삶을 정복할 만큼 전부가 아니라, 그 외에 또 다른 면이 분명히 있다. 그랬을 때 부정적인 것만은 아닌 이걸 어떻게 표현해야 할까, 하는 고민이 있었어요. 장애가 심해짐으로써 몸을 제대로 움직이지 못하고, 제가 원하는 일상을 만들어가기 어렵게 되는 건데……. 그러나 사실 생각해보니까, 장애가 지금보다 훨씬 경증이었던 시절, 특히 10대 시절에 제가 원하는 일상을 더 많이 못 살았던 거예요. 제가 사회생활을 처음 시작한 건 열아홉 살 때, 장애인 직업재활원에 들어가면서부터예요. 그전에는 사회생활을 전혀 못했어요. 소위 말해서 재가 장애인이었어요. (…) 10대 재가 장애 시절, 그때는 지금보다 장애가 훨씬 덜 했고 움직임도 훨씬 자유롭고, 집안 살림도 가족 돌봄도 제가 꽤 많이 했지만, 저의 일상은 지금보다 훨씬 더 제한적이었던 거죠, 원하는 것을 선택할 수 없었으니까. 돌이켜보면 장애 심화와 일상의 선택이나 삶의 만족도가 꼭 일치하는 건 아니더라고요. 이전에 없던 장애가 생기고, 또 장애가 심화하면 솔직히 삶이 좀 고달파지는 건 있어요. 삶이 고달파지니까 그것 때문에 우울감이 들 때가 있지만 이전에 미처 느끼지 못했거나 생각하지 못했던 것들을 깨닫게 되고, 새로운 감각이 생겨나 새로운 경험이 열리기도 해요. 새로운 앎이 생기고 관점이 넓어지고……. 그런 맥락에서 장애 심화가 퇴행만은 아닌 나의 삶이 또 다르게 변화하는, 진화하는 것이다, 라는 생각이 드는 거죠. 나이듦도 그런 맥락에서 이해할 수 있지 않을까요? 나이듦으로 해서 또 다른 경험을 하게 되는 게 있잖아요, 분명히. 삶이 진화되는 거, 같은 맥락에서…… 너무 긍정적인가요?"

인터뷰 동안 조미경이 가장 많이 한 말은 "너무 긍정적인가요?"이다. "아, 이렇게 너무 긍정적이면 사람들이 공감하기 어려울 텐데……"라고 말하며 그는 시원스레 낭랑한 웃음을 터뜨리곤 했다. 누군가 '당신이 제일 잘하는 게 뭐냐?'고 물으면 '통증 참는 거요'라고 말할 수 있을 정도로 항상 새로운 통증을 맞이하며 새 몸으로 사는 사람이 이렇게 오염되지 않은 웃음을 웃을 수 있다는 게, 내게는, 솔직히 어느 정도 불가사의하다.

"한 살 한 살 나이 들 때마다, 이게 갈비뼈냐 대퇴부냐 골절 부위가 어디냐에 따라, 날씨가 어떠냐에 따라, 또 아침이냐 점심이냐 저녁이냐에 따라 통증의 강도가 다르거든요. 늘 아프기 때문에 통증에 익숙해지고 무던해지는 게 아니라, 그냥…… 정말 잘 참는 거고. 늘 다른 통증, 늘 다른 몸이죠. 늘 새롭게 맞이하게 되는 통증, 이게 제가 삶을 맞이하는 태도를 만드는 것 같아요. 사람에 대한 이해도 달라지고. 큰 골절이 일어나서 완전히 캄캄한 통증이 있을 때는 정말 아무 생각 안 나고, 제발 이 순간이 빨리 지나갔으면…… 그 간절함만 몇 시간 가죠. 그러다가 정말 조금이라도…… 안 아픈 게 아니라, 아주 조금이라도 덜 아프면 세상이 천국인 거예요. 세상이 천국이고, 세상 모든 게 다 고맙고,

아이고, 이러면서 천국과 지옥을 왔다 갔다 하는 거죠. 분명히 같은 장소, 같은 사람, 같은 것인데도 다른 세상을 맞이하게 되는 거예요. 새롭게 맞이하게 되는 거……."

그는 말끝에 다시 "어, 너무 긍정적이면 사람들이 공감하기 어려울 텐데"라며 또 깔깔깔 웃는다. 그러나 이 긍정성이 선천적 성향 때문만일까. 통증을 잘 참는 것, 매번 새롭고 날카로워 익숙해질 수 없는 통증을 가능한 '최소화'하는 것은 예측 불가한 몸을 가진 그와 함께 일하는 동료들에 대한 그 나름의 '살핌'이다. 그 자신의 표현을 빌리자면 '최최최중증 장애인'인 그와 일하면서 일상적으로 걱정하는 동료들이 더 힘들고 불안해지지 않도록, 그리고 아픔은 상대적인 게 아니건만 아프고 힘든 상황에서도 '미경 님도 저렇게 힘든데' 하며 차마 말 못하게 되는 걸 막기 위해서다. 여러 형태의 장애인들과 비장애인들이 공존하는 일터인 장애여성공감에서 서로를 향한 존중이나 살핌이 또 다른 억압이나 통제가 되지 않도록 하는 건 쉽지 않은 일이다. 차이가 만드는 경계를 잘 지키면서 '서로 살핌'의 평등하고 자유로운 문화를 만드는 일은, 이제 골절되면 더 이상 뼈가 붙지 않는다는 사실이 주는 긴장감 못지않게 그를 깨어 있게 한다.

장애여성, 늘 돌보고 일하죠!

장애여성은 오랫동안 '사회 속에서' 늘어가지 못했다. 사회 활동을 하리라 기대되지 못했기에 교육에서 소외되기 일쑤였고, '살림이나 잘 배워서'로 압축되는 성역할에 갇혀 살아야 했다. 교회나 성당, 혹은 복지관 등이 그나마 이들이 진입할 수 있는 사회적 장이(었)지만, 이것도 어느 정도 활동이 가능한 경우에나 해당하는 이야기다. 집 떠나 자기만의 둥지 틀기를 시도한 첫 세대 여성 3인의 분투를 기록한 다큐멘터리 〈거북이 시스터즈〉가 제작된 게 2002년이다.[4] 그이전에는 장애인, 특히 장애여성이 집 밖 생활을 한다는 건상상하기 어려웠고, 대부분 '재가'하면서 살림과 다른 가족 구성원의 돌봄에 힘써왔다. 전 생애에 걸친 이들의 돌봄은노동으로 가치가 매겨지지 않고, 가시화되지 않는다. 예를들어 실제로는 장애여성이 연로한 부모를 '부양'하고 있는데, 떠도는 말들 속에서는 부모가 늙어서까지 장애가 있는딸을 돌보느라 고생하고 있다는 식이다.

"저렇게 나이 들어서도 장애 가진 딸을 보호하고 있구나, 아이고 츳츳츳…… 이렇게 말하는 거예요. 진짜 진짜 억울한 거죠. 경제적인 부양만 부양이라고 생각하는 거예요. 간혹 나이 든 장애여성을 상담하게 되

146

는데, 이분들에게 이 억울함은 한인 거예요. 저랑 이야기하면서 펑펑 우시는 분들 정말 많아요. 장애여성들의 이 한 맺힌 이야기를 들어주는 사람들이 아무도 없는 거죠. 교회를 간다고 해서 이 억울한 사연을, 이 한들을 말할 수 있겠어요? 참 안타까운 게…… 장애여성분들이 노년이 되어 자신의 생을 되돌아볼 때, '내가 자식들을 건사했다, 조카들 내가 다 키웠다, 부모님 내가 다 모셨다, 살림이나 돌봄 내가 했다'는 게 가장 자부심인 건데, 그걸 인정받지 못하는 거예요. 사실 장애여성은 돌봄이나 살림의 역할을 해야만 그나마 자신의 존재를 인정받는 거거든요. 그것도 온전히 인정받는 것도 아니지만, 자신이 이 사회에 존재함에 대해 그나마 인정받는 거…… 그러나 가치화되지는 않아요. 아, 고생했다. 수고했다. 이렇게 자식을 부양한다거나 조카를 돌본다거나 하는 것이 '당신의 삶에 있어서 상당히 의미 있는 노동, 활동이다. 일이다. 당신 정말 잘 살았다'라고 아무도 얘기해주지 않는 거죠. 어쨌든 누군가를 위해서 내 존재가, 내 몸이 쓰였다는 것 자체가 자부심이 되는 경우가 많거든요.

　장애인인 저 사람이 뭘 할 수 있겠어, 라고 하지만 제가 아는 나이 든 장애여성들은 정말 자기만의 삶의 방식, 노하우가 많아요. 장애가 있는 몸으로 평생을 살아왔기 때문에 '내 몸 사용법'을 너무나 잘 아는 거죠. 그 삶의 방식, 노하우는 상상을 초월해요. 잘 살고 있는 거예요, 한마디로 말해서. 단지 사회 활동의 선택권이 주어지지 않고, 자신의 삶이 가치 있다고 인정받지 못하는 그게 문제인 것이죠. 이분들의 삶을 누가 평가할 것인가……. 장애여성뿐 아니라 많은 여성이 노년을 맞이해 자신의 삶을 돌아봤을 때, 자기 삶에 대한 가치를 스스로 인정하고 흡족해하긴 어렵지 않나요? 나의 가치를 인정하는 데선 사실 주변의 인정이 결정적인 건데, 장애여성의 경우 특히 보이지 않는 노동을 하기 때문에 자신의 존재 가치를 더욱 인지하지 못하는 것 같아요."

부양扶養의 사전적 의미는 "스스로 힘으로 살아갈 수 없는 사람의 생활生活을 돌봄, 도와 기름"이다. '집 안' 아니면 '시설'로 삶의 장소가 미리 정해져 있던 시절, 집 안에 머물던 장애여성은 그곳에서 손닿는 대로 한껏, 돌보고 기르고 도왔다. 결혼한 경우에는 남편과 자녀들을, 비혼인 경우에는 조카와 부모를. 이것을 잘하는 게 자신들의 존재 증명이고 자부심이기에 그 '노동'에는 타협이나 거래가 없었다.

나 역시 어렴풋이나마 이 사실을 안다(고 감히 말해본다). 발달장애여성들과 두 달여 동안 집중적으로 생애구술사 작업을 함께한 적이 있다. 이들 중 '어머니' 발달장애여성들이 양육의 경험을 들려주며 웃고 자랑스러워하고 눈물 글썽이고 안타까워하던 모습을, 시종일관 자신을 향한 자부심에 빛나던 눈빛과 입가에 머물던 그 뿌듯한 미소를 잊을 수가 없다. 아이를 무사히 낳았다, 아이에게 적절한 온도의 우유를 먹이고 젖은 기저귀를 제때 갈아주며 뽀송하게 기른다, 아이를 때맞춰 초등학교 중학교에 입학시킨다, 사춘기에 접어들어 툭하면 욕설을 내지르고 이어폰을 낀 채 문을 쾅 닫고 나가버리는 아이와 '함께 상담을 받는다' 등등 그들은 자신이 해야 할 '일'을 매우 잘 해내고 있음을 의식하고 있었고, 그에 대해 자긍심을 품고 있었다. 이제까지 잘 해낸 그 '일'의 경험으로 앞으로도 어떤 일을 하게 되든 잘 해내지 않겠느냐고 스스로 신뢰와 믿음으로 다독이고 있었다. 그런데 왜 이들의 이 '일'은 사회적으로 가치를 부여받지 못하는 것일까. 왜 이들은 늘 돌봄의 대상자로, 일방적 의존자로 분류되는 것일까.

골형성부전증으로 끊임없이 뼈가 부러지는 조미경의 경우는 어떠했을까. 그는 10대 때부터 이제까지 계속 돌봄을 해온 자기 경력을 강조한다.

"빨래 같은 건 못하지만 청소나 쓸고 닦는 거…… 방 안에서 할 수 있는 것들. 그리고 내가 '돌봤다'라고 자

나이가 들수록 심화하는 장애를
조미경은 '진화'라고 표현한다.
신선한 호기심을 불러일으키는 말이다.

신 있게 말하는 건 예를 들면 아침에 깨우는 거예요. 특히 어머니가 출퇴근하셨던 분인데, 아침에 출근 시간을 자꾸 놓치는 거예요. 살림도 하시느라……. 그러면 제가 몇 시다, 몇 분 남았다, 빨리 나가셔라, 하죠. 아니면 가족들한테 오늘 날씨가 이러니 우산 챙겨라, 옷은 이렇게 입어라, 하고요. 또 딸은 저 하나니까 어머니가 힘든 일이 있거나 이럴 때 저한테 많이 얘기하시고……. 이런 정서적 돌봄을 한 거죠. 중증 장애여성이 어떻게 돌봄을 하느냐, 라는 부분에서 물리적 돌봄뿐 아니라 정서적 돌봄도 매우 크다고 말하고 싶어요. 사랑을 담은 눈길로 지극히 바라본다거나, 말 한마디라도 따뜻하게 한다거나, 그로 인해서 상대방이 느끼는 안정감이라든가 이런 것들도 저는 큰 노동이고 돌봄이라고 생각하거든요. 그런 차원에서 장애여성의 노동이 더 가시화되어야 하는 거죠."

가사노동에 대한 임금 투쟁을 벌였던 이탈리아 페미니스트 정치철학가 실비아 페데리치는 첫째로 자본이 임금을 통해 지배하고 착취한다는 것, 둘째로 여성들의 가사노동과 돌봄노동은 임금을 받지 못하기 때문에 노동 착취로도 인정받지 못해왔음을 신랄하게 비판했다. 노동계급의 조직에서조차 '가정주부'와 그의 재생산노동은 '자본 밖에 위치한 개인적인 서비스'처럼 다뤄져왔다.[5] 재가 장애여성의 재생산노동은 임금을 받지 못하는 것뿐만 아니라, 장애의 정도에 따라 차이는 있지만 '장애인이 뭘 제대로 하겠냐'와 '살림이나 잘 배워서'라는 모순된 이중 전언 속에서 지워짐으로써 더욱 심각한 노동 착취와 인격 부정을 경험하게 된다. 장애여성이 '누군가를 위해 내 몸이 쓰였다는 사실' 자체에서 존재의 근거와 자부심을 느낀다고 했을 때 첨예하게 드러나는 것은 장애남성과는 다른 젠더화된 실존 형태다. 장애남성은 '남자 구실은 해야 하니까'라는 명목하에 어머니 등에 업혀서라도 학교 다니고 결혼하는 등 최소한의 사회적 삶을 살게 된다. 그러나 장애여성에게는 '여성이라면 누구나 자연적으로 타고나는 자질'이라고 하는 '여성성'이 부여됨과 동시에 거부되는, 또는 적어도 의심되는 상황이 발생한다. 아예 여성의 일·역할조차 제대로 해낼 수 없을 것이라는 가정하에 바로 그 여성의 일·역할을 '뛰어나게 잘하고 있음에도' 늘 오히려 누군가의 '보호를 받고 있다'고 오인되는 것이다.

가사노동에 대한 임금 투쟁의 정치적 의미는 가정주부에게 일정한 보수를 지불하라거나, 자본주의를 보다 합리적인 방향으로 수정하라는 데 있지 않다고 페데리치는 거듭 강조한다. 재생산노동이 여성의 타고난 자질, 즉 여성성의 표현이라는 이데올로기를 거부함으로써 이제까지 여성의 무임금 가사·돌봄 노동을 통해 이윤을 획득해온 가부장제 국가에 저항하고, 모든 사회적 관계와 활동을 일종의 생산 공장으로 환원해버리는 자본주의 체제 자체를 전복하자는 것, 바로 여기에 가사노동에 대한 임금 투쟁의 혁명적 의미가 놓여 있다는 것이다. 장애여성의 돌봄노동에 대한 인정 투쟁 및 임금 투쟁은 페데리치가 강조하는 혁명적 투쟁의 세 층위를 또렷하게 부각한다. 장애여성이 일하고 있다는 사실, 이 일을 통해 다른 사람의 안녕하고 안전한 일상을 함께 만들고 그로써 사회의 재생산에 기여하고 있다는 사실은 시민사회의 공통 지식이자 사회 변혁의 디딤돌이 되어야 한다.

'공동체'를 만드는 할머니

하루하루 변화하는 몸 때문에 지금과 같은 방식의 사회 활동은 앞으로 2, 3년 정도만 가능할 것 같다는 그에게 '무사히 할머니가 되기 위한 준비'를 물어보았다. 그는 가장 먼저 탈시설화 운동을 말했다. 물리적인 탈시설 운동을 넘어서 4년 전부터 '공감'에서 해온 '탈시설화' 운동, 즉 자기 삶에 선택권을 갖지 못하고 마치 시설에 있는 것처럼 통제와 관리의 대상이 되어 살아가는 사람들의 탈시설화 운동을 어쨌든 계속할 것이다. 그는 장애여성독립생활센터〔숨〕의 소장으로 일하는 동안 탈시설뿐만 아니라 탈시설화 운동에도 전력을 기울였다. 그는 시설화를 "지배 권력이 특정 개인이나 집단을 보호·관리의 대상으로 규정하고 사회와 분리해 권리와 자원을 차단함으로써 무능화·무력화된 존재로 만들며, 자신의 삶에 대한 통제권을 제한하여 주체성을 상실시키는 것"으로 정의한다. 이 정의에 따르면 물리적 시설 밖으로 나왔다고 해서 온전한 '탈시설'이 이뤄졌다고 보기 힘들며, 언제나 시설 밖에서 살았다고 해서 시설화된 삶을 살지 않았다고 말하기 어렵다. 지역사회 안에 살아도 장애나 젠더, 나이나 인종, 성적 지향 등의 정체성을 이유로 자기 삶의 주도권을 빼앗기는 사례가 너무나 많다. 이런 맥락에서 볼 때 탈시설의 목적과 의미는 "시설화를 유지하는 지배 권력이 무엇인지 분석하고 이에 대항하며 상실되었던 삶에 대한 주체성과 권리를 되찾고, 나아가 시설화를 가능하게 만드는 정상성 중심의 사회에 균열을 내는 것"이다.[6] 이 운동을 그는 자신의 진화하는 장애 상태에도 불구하고 '어쨌든' 계속할 것임을 강조한다.

그리고 조미경은 '함께 늙어갈 수 있는 친구들의 공동체 꾸리기'라는 꿈에 대해 말한다. 모델은 틈틈이 다시 보던 드라마 〈디어 마이 프렌즈〉다.

"같이 늙어가며 희로애락을 나눌 수 있는 관계, 나의 삶을 이해하고 보듬을 수 있는 관계망은 특히 장애여성에게는 큰 로망일 수 있겠구나, 생각했어요. 어쩌면 외롭고 고립된 삶을 살았을지 모를 이들이 서로에게 '너, 잘 살았어'라고 말해줄 수 있는, 서로 인정해줄 수 있는 이런 관계망을 만드는 건 돌봄의 지원 체계를 마련하는 것과는 또 다른 중요한 문제예요."

사회 활동의 관점에서 본다면, 한국 사회에서 장애인들의 집 밖 외출이 본격적으로 가능해진 게 2000년 들어서부터이니 장애인 대다수는 이제 막 20대 초반의 인생을 사는 중이다.[7] 이들에게는 하고 싶은 일들, 해보지 못한 일들이 아직 너무나 많다. 장애여성의 경우 더욱 그렇다. 장애여성으로 나이 들어가는 이야기는 아직 너무나 부족하고, 사람들 귀에 닿지 않는다. 어떤 일을 하고 싶어 하는지, 실제로 하고 있는지 당사자인 장애여성과 그들의 활동 동료와 친구가 더 많이 말하고 쓰고 전파하길 기대한다.[8]

장애여성으로 늙어간다는 것이 '막연한 내 문제'였는데, 지금은 '좀 더 절감되고 체화되는 내 문제'로 변했다는 조미경. 그의 '디어 마이 프렌즈' 공동체가 만들어지면, 나는 풀 방구리에 쥐 드나들듯이 그 공동체에 드나드는 사람일 것 같다. 그의 거침없이 명랑한 웃음에 전염되고 싶어서다.

덧붙이는 말

조미경은 2021년에 뇌출혈로 쓰러진 이후 매우 다른 장애의 상태를 직면하게 되었다. 그는 2020년에 앞으로 활동할 수 있는 시간이 길지 않을 거라며, 짧은 기간 동안 최선을 다해 집중해서 활동하겠다는 다짐을 이미 들려주었다. 동료 장애여성들과 함께 배우고 깨닫고 나누는 일이 정말로 소중한 희열인 그는 마지막 순간까지 이 운동의 끈을 놓치고 싶지 않았다. 그런데 뇌출혈로 쓰러진 이후 그는 '진화하는 장애를 말했던 내가 장애를 몰랐다'는 말을 한다. 기존의 장애와는 완전히 다른 새로운 장애가 나타났기 때문이다. 시력과 청력에 나타난 감각장애와 읽고 쓰고 이해하는 속도를 느리게 만드는 언어장애는 장애여성 활동가로서의 그의 정체성에 큰 도전을 던지고 있다. 이제 48세의 미경은 다시 질문한다. '나는 무엇을 어떻게 할 수 있을까?' 애당초 장애여성 운동이 즐거웠던 이유는 "자원도 없고 권력도 없고 위치도 없고 억압된 삶을 사는 장애여성들이, '내 삶은 이렇다'라고 느끼고 생각하고 말할 기회가 없던 이들이, 자신의 삶에 대해 말할 때 그 삶을 서로 나눌 수 있어서"였다. 그는 체력이 되는 한 이 여성들의 생애구술사를 쓰고 싶었다. 이 곤경 안에서, 이 깊은 슬픔 안에서 그는 말한다.

"슬픔이 너무 깊어요. 하지만 나는 포기할 수 없어요. 매일 계속 뭐든 읽어요, 뭐든 해요. 이제 내가 '공감'에서 장애운동을 계속하려면 다른 식의 시간 감각을 갖고 이것을 현실화하는 게 중요해졌어요. '공감' 활동가들과 같이 도전해서 새로운 감각을 찾고, 중복 장애가 매우 심한 장애여성의 삶을 같이 나누는 게 중요해요. 이렇게나 피곤하고 힘든데, 내가 뇌출혈에서 다시 깨어난 건 또 새로운 운동을 하기 위해서가 아닐까요."[9]

그는 워낙에도 기존의 나이듦 이해나 관행과는 매우 다른 몸의 역사를 살아왔다. 이제 그에겐 '지금 여기'의 삶을, 이 현존을 충일한 시간성과 장소성의 의미로 살아내는 것이 더욱더 중요하다. 그가 자기/이해를 갱신하며 살아내는 치열한 하루하루를 목격하면서 나는 나이와 시간의 관계를 낯설게 재조명한다. 노년의 나이는 막연한 미래의 어느 시점으로 계속 밀려나는 내일 '들'의 집합이 아니다. 지금 이 자리에서 꽉 찬 역사성으로 살아내는 시간이다. 뇌출혈을 딛고 또다시 새로운 몸으로, 첫 경험인 양 장애를 알아가면서 펼치는 조미경의 운동은 그런 시간으로서의 나이듦을 구현할 것이다. 그를 통해 우리는 '누구와 무엇을 향해 나이들고 있는가'라는 질문이야말로 나이듦 이해의 핵심임을 알게 될 것이다.

7

노년도 청년도
차별받지 않는
사회

인권운동사랑방 활동가   어쓰

20대 남성 인권활동가와 60대 여성 페미니스트의 만남

인권활동가들이 꾸린 코로나 재난 관련 토론회의 뒤풀이에서 비교적 길게 그를 만났다. 마스크로 얼굴을 3분의 2쯤 가린 터였지만 살짝 웃음을 띤 눈빛, '여리다'는 느낌이었다. 인권운동사랑방(또는 '사랑방') 활동가 중 가장 '어린' 이라고 들었기 때문일까. 오랜 시간의 투쟁에 부대끼고, 바뀌지 않는 일상에 지친 어른들에게서 나는 짠내 대신 부드럽고 여린 웃음이 감지됐다. 말투에서 그가 속한 '세대'를 좀 더 확실하게 느낄 수 있었다. 이 세대는 문장 중간중간 쉼표가 있음직한 자리에 단어의 끝을 살짝 힘줘 말아 올린다. 이후 그가 쓰거나 말한 내용들을 이것저것 찾아 읽고 들어보았다. 인터뷰를 하려면 어떤 형태로든 그의 세계를 상상할 수 있어야 하니까. 어떤 자리에서 그를 만나지? 가장 평범하게 시작하자. 20대 남성 인권활동가를 늙어가는 60대 여성 페미니스트가 만나는 자리로.

힘들면 도와주고, 울면 위로해주고

청어람에서 마련한 한 프로그램 대담에서 그는 '파란 하늘'을 언급한 적이 있다. 세상에는 '파란 하늘'처럼 어쩌지 못하는, 그러니 그대로 받아들여야 하는 일들이 있다는 것이다. '파란 하늘'을 두고 왜 '파라냐고' 묻거나, 그것 때문에 괴로워하는 것은 쓸모도 의미도 없는 일이라고. 인상적인 대목이었다. 낙천적인 것인가? 세상에는 속 끓일 일과 그럴 필요가 전혀 없는 일들이 있다는 걸 이렇게 일찍 알아버린 청년. 그가 하는 인권운동은 무엇을 바꾸려고 할까, 무슨 일로 속을 끓일까. 인터뷰는 이 '파란 하늘'에 대한 보충 설명으로 시작되었다. 그 자신의 설명에 따르면, 그는 사실 낙천적인 것과는 거리가 멀고, 불안도 꽤 있는 동동대는 사람이지만 '비슷한 사람들과 서로 돕고 서로 위로하며' 정도껏 즐겁고 정도껏 행복한 생활을 유지한다. 훈련된 마음가짐의 결과랄까. 이것은 그가 군대 가기 전까지 청소년 인권운동을 했던 '나다' 교육 공동체에서 습득한 능력이다. "관계성이라든지 타인에 대해 그렇게 고민하며 살지 않던" 그는, 공동체 지향성이 강한 이곳에서 "옆에 있는 사람이 힘들면 도와주고, 울면 위로해 주는 것이 당연한 일"임을 체득했다고 한다. 음, 그렇군!

인권운동을 모르는 할아버지, 할머니들에게

7080 할아버지들에게 자신을 소개해달라는 부탁을 받은 그

는, 미리 보낸 질문지에도 불구하고 망설임과 침묵 사이를 오갔다.

"할아버지한테 나를 소개한다면…… 할아버지한테…… 음, 할아버지한테…….''

결국 이 장면은 회색 침묵 속에서 페이드아웃.

"소개라는 건 어쨌든 상대방에게 나를 이해시키기 위해서 하는 행동이잖아요. 그런데 노년 남성이 나를 이해할 거라는 기대가 별로 없기 때문에 나를 소개하겠다고 생각해본 적도 별로 없었다는 게 새삼스레 떠오르네요."

이해할 수도 있다는 가정하에 다시 시도했다.

"저는 대학을 나오지 않았고, 고등학교를 자퇴했습니다. '사랑방'이라는 사회단체에서 일을 하고 있어요. 이런 게 음…… 하…… 세상을 바꾸자고…… 혹은…… 제가 단체에서 일한다고 하면, 보통 사람들이 돌려주는 말이 '착한 일 하네, 좋은 일 하네'거든요. 남을 위해서 하는 거라고 많이들 생각하시는 것 같아요, 나이가 많고 적고를 떠나서 그렇게들 생각하시지 않을까……. 근데 제가 단체에서 활동하는 것은 다른 사람을 도와주려고, 어려운 사람들 도와주려고 하는 건 아닌 것 같고, 굳이 따지자면 저는 저를 위해서 하는 것 같거든요. 지금과 같은 세상에서는 내가 행복하지 않으니까, 내가 행복한 세상을 만들려고 운동을 하는 것 같아요. 대학 나오지 않은, 고등학교를 자퇴한 나 같은, 가방끈이 투명한 나 같은 사람도, 아니면 나처럼 머리를 염색하고 다니는 사람도 그냥 행복하게 살 수 있는 세상을 만들고자 지금 이런 단체에서 운동을 하고 있어요."

자기소개를 하다 말고 인터뷰어를 쳐다보며 하는 말.

"나이 많은 남성분들한테 이 말이 어떻게 들릴지 모르겠지만, 예를 들어 이런 반박이 있을 수 있잖아요, '네가 뭐 얼마나 잘났다고 남 좋은 일을 해? 너나 잘 살아. 네 인생이나 살아…… 엄마 아빠가 얼마나 슬프시겠니?' (실제로 엄마 아빠가 좀 슬퍼하세요.) 그런데 '탄핵 촛불 대 태극기'처럼 보수 성향의 남성 노년들과 거기에 대척되는 사람들로 나누거나 범주화하는 게 얼마나 유의미할까요. '너 그렇게 살다가 늙어서 어떻게 먹고 살래?' 부모님이 이렇게 말씀하실 때 농담처럼 '아, 나는 나이 들었을 때 국가가 내 생계 책임질 수 있는 세상 만들 거라구, 그게 내 노후 보장이야!'라고 말하기도 했는데, 이와 비슷한 맥락에서 말할 수 있지 않을까요? 우리가 하는 운동이나 우리가 만들고자 하는 세상이 소위 보수 성향의 남성 노년에게도 나쁜 게 아닐 테고, 저들이 서 있는 자리를 무너뜨리거나 저들을 곤궁에 빠지게 하기보다는 저들도 곤궁에 빠지지 않을 수 있는 사회를 만들고자 하는 건데, 그렇다면 어떻게 저들에게 가 닿을 수 있을까……. 질문을 받다 보니 그런 게 고민되기도 하네요. 그렇다고 '좋은 게 좋은 거야'라고 말할 수는 없죠. 저들이 누리고 있던 젠더 권력을 해체하는 게 또 우리 운동의 목표이기도 하니까."

이 말을 한 뒤 그는 다시 조금 더 생각을 하더니 페미니즘의 예를 들어 자신의 생각을 명료하게 다듬었다. 그는 '페미니즘은 남성에게도 좋다, 나는 남성 페미니스트다'라는 식으로 자신을 정체화하는 남성들의 말이 조금은 고까웠다. 단순히 성 대결로 이해해서는 안 되지만 이런 식으로 기존의 권력 관계를 퉁치거나 흐리게 해서는 안 되지 않는가.

"말을 하다 보니 이제 좀 더 분명해지네요. 보수 노년 남성들과의 관계는 이렇게 말할 수 있을 것 같아요. 내가 노력해서 나를 저 사람들에게 이해시키기보다는 저 사람들이 변해야 나와 저 사람들이 만날 수 있다……. 그래서 그런 남성들에게 나를 소개한다거나, 나를 이해시키기 위한 고민이나 노력을, 아니 노력할 생각조차를 해본 적이 없는 것 같아요."

그럼 가방끈이 아예 없거나 극히 짧은 7080 할머니들에는 자신을 소개할 수 있을까요, 라는 질문에 그는 망설임 없이 대뜸 대답했다.

"할머니들은 확실히 저한테 다르게 다가오는 게 있거든요. 두 존재들…… 노년이라는 공통점이 있지만 노년이라도 이 두 그룹이 같을 수는 없는 것 같아요. 저의 약점이나 약자성, 혹은 취약성 같은 것을 숨기거나 하는 게 아니라 드러내도 살아갈 수 있는 사회를 만들어나가야 하잖아요. 즉 저의 '학력이 짧다'는 점은 어떤 종류의 취약성을 지닌 사람들과 제가 만날 수 있는 지점 아닐까요? 너의 취약함과 나의 취약함이 다르겠지만 그런 취약함을 서로 숨기는 게 아니라 드러낼 수 있는 관계, 혹은 그걸 드러내면서 관계 맺을 수 있는 사회를 만든다는 게 제가 운동을 하는 목적이에요."

그러다가 그는 자신의 '투명가방끈 운동'을 소개했다.

"이 고민은…… 음…… 고1 때 자퇴하고 또 열아홉이 되었을 때도 수능을 보지 않으면서…… 깊어졌어요. 그래서 대학에 진학하지 않은 20대가 되었을 때 '투명가방끈'이라는 단체를 만들어서 같이 활동을 하게 된 거죠. 대학 입시 거부 선언을 조직해서 수능 보는 날 광장에서 기자회견도 하고, 글을 쓰고 인터뷰도 했어요, 처음 만들어진 해에 주목을 많이 받았죠. 그런데 인터뷰 기사 댓글에 이런 게 많았어요. '어차피 네가 좋은 대학 못 가니까 그러는 거 아니야? 그냥 노력할 자신 없고 노력해도 안 되니까 너 지금 그렇게 깽판 치는 거 아니야?' 고민이 많이 됐죠. 사실이기도 하니까. 지금 당장 다시 입시 공부를 한다고 해도 경쟁에서 이길 가능성이 낮고. 그러면서 '아, 그래, 네 말 맞아, 근데…… 나는 그렇게 노력해도 안 되는 사람인데, 노력해도 좋은 대학에 갈 수 없는 사람들도 행복하게 살 수 있는 세상 만들고 싶어, 그래서 나 지금 이 운동 하는 거야'라고 말해주고 싶었죠. '나는 노력해도 공부 잘 못하겠어, 성적 잘 못 받겠어, 나는 성적을 잘 받기 위해 노력하고 싶지 않아. 근데, 그래도 나는 차별받고 싶지 않아…… 나 안 하고 싶어, 나 안 할 건데, 안 한다고 내 삶이 망하지 않길 바라.' 이런 식의 발화들, 취약함을 드러내는 이런 발화 방식은 한국 사회에서 쉽지 않은 일이지만 그게 조금이라도 가능해지는 사회를 만들고 싶어요."

비교적 길게 설명한 뒤 인터뷰어를 쳐다보며 하는 말.

"이해하실지 못하실지 모르겠지만, 할머니들한테는 그
래도 이런 소개 정도는 할 수 있지 않을까요? 그냥 가
닿았으면 좋겠어요. 아까 할아버지들에게 한 제 소개도
사실은 할머니들한테 할 수 있는 소개일 것 같네요."

세대 갈등, 세대 간 불화, 자원의 세대 간 불평등 배분, 돌
봄 위기 혹은 돌봄 독박 등 젊은 세대와 늙은 세대가 평화롭
게 서로 도우며 함께 살 가능성이 점점 희박해짐을, 심지어
불가능해짐을 암시하는 언설들이 도처에서 웅성거린다. 정
치적 효과를 노리는 정치꾼들 때문에 '세대 갈등'은 결코 사
라질 수 없는 담론 내지는 이론이겠지만, 그 실재 여부를 떠
나서 세대 간 관계성을 직조하는 젠더/권력은 꼭 짚어 토론
해야 할 문제다. 20대 젊은이가 60~80대 늙은이를 자기 앞
의 누군가로 상상할 때 노년 남성의 자리는 아예 새까맣게
지워진다는 것, 노년 여성에게는 대뜸 자기가 중요하게 생
각하는 문제를 말하기 시작할 수 있다는 것. 이 차이는 중대
하다. 어쓰의 자기소개는, 노년기가 어떤 시기로 이론화되
든(자아 통합 도모의 시기? 역할 상실로 인한 정체성 위기의 시

기? 또는 사회적 낙인에 치여 비틀거리고 방황하는 시기?) 이 시기를 젠더 렌즈로 탐색해야 할 필요성을 또렷이 부각시킨다. 다른 연령대의 시민들과 적어도 서로 자기소개를 하며 이야기라도 나눌 수 있으려면 노년들은 어떤 '노후 준비'를 해야 할 것인가?

권태롭지 않은, 의미와 가치가 있는 노년기를 보내려면 사회 활동을 멈추지 말라고 제언들을 한다. 나는 인권활동가들에게 후원을 하고, 지지와 격려를 보내는 것을 썩 괜찮은 사회 활동이라고 생각한다. 이들이 더 나은, 찬란하지는 않더라도 변혁의 꿈이 완전히 사그라지지는 않는 사회를 위해 어떤 제안을 하는지(어쓰와 '사랑방' 활동가들은 '제시'가 아니라 '제안'임을 강조한다), 이들이 어디서 어디로 어떻게 움직이고 있는지 동행하는 일은 후원자들에게도 호기심과 열정과 기대감을 선사한다. 뛰어난 연대 활동이고 활기찬 사회 활동이다. 노년들이 너나할 것 없이 인권운동 단체나 여성 단체에 후원자로 등록하고 뿌듯한 자부심을 드러내며 사방팔방으로 '자랑질'하는 것을 꿈꿔본다. 그리고 인권활동가들도 이 꿈을 함께 꾸기를 희망한다. '늙은이들'을 동료로(까지는 아니더라도), 지지자로, 연대자로 상상할 수 있는 일부터 시작해야 할 터다. '그런 수고를 왜?'라고 반박할 수도 있다. 혹은 어쓰의 말대로 (보수) 할아버지는 안 되고, 할머니는 된다고 구별 지을 수도 있다. 어쨌든 이런 구별조차도 이런 식의 만남에 대해 곰곰이 생각해본 뒤에나 가능하다는 것을 짚고 넘어가자.

그런 마음으로 던진 마지막 질문은 '노년과 친구가 된다면 무엇을 하고 싶으세요?'와 '본인은 어떤 할아버지가 되고 싶으세요?'였다.

노인들과 친구가 된다는 것

"청소년 운동은 연령(차별)주의와 싸우는 운동이거든요. 나이가 어리다고 해서 무시하거나 차별하면 안 된다, 하대하거나 아랫사람 취급하면 안 된다. 관계에서 나이에 따른 권력이나 위계에 민감하게 반응하는 운동이라서, 나이를 빼고 생각하려는 경향이 있어요. 나이를 고려하지 않고 관계 맺고 운동하는 게 익숙한 거죠. 그래서 '노년과 친구가 된다면?' 이런 질문이 어색하기도 해요. '이 사람'과 이야기하는 거지, 10대나 40대 같은 세대의 대표자와 이야기하는 게 아니잖아요. 그런데 그 어색함을 딛고 더 생각해보니까 어쨌든 '나이는 빼고 생각한다'라는 것조차…… 뭐랄까, 범위가 있었다고나 할까. 그러니까 60, 70대까지 가서 생각하니까 매우 다르더라구요. 그 나이대의 사람에게도 스스럼없

170

이 주목할 수 있을까?

음…… 할아버지가 된다는 건 진짜 상상해본 적이 없는데…… 옛날에 어렸을 때 밤에 자려고 누워 있다가 죽는다는 걸 상상하고 무서워서 운 적이 있어요, 혼자서. 땅속에 묻힌다, 내가 없어진다, 그런 게 무서워서 울었던 기억이 있어요. 저의 가장 오래된 기억 중 하나인데…… 대여섯 살 정도 되었던 것 같아요. 그 이후로 언제나, 깊게 고민해본 적은 없지만 나이 드는 걸 무서워했던 것 같아요. 공포랄까요? 그런데 그 공포라는 게 실체가 있는 공포가 아니고…… 태극기 부대를 보면서 많이들 하는 이야기가 있잖아요. '저렇게 늙을까 봐 두렵다.' 저는 그런 차원의 감정은 아니고, 그냥 정말 늙는다는 것에 대한 공포가 있는 거예요. '아, 이게 노년 혐오랑 맞닿아 있는 거구나, 나도 이 부분에서는 혐오자구나.' 지금은 옛날처럼 심각하지는 않아요, 나이는 들 수밖에 없다는 걸 알았기 때문에…… 그럼에도 나이 든 내 모습에 대한 상상 같은 게 진짜 잘 안 되는 또 다른 이유는 나이 든 남자를 볼 일이 없기 때문인 것 같아요. 나이 많은 남성 활동가가 없다는 걸 새삼스레 확인하게 되는 거죠. 문정현 신부님이나 백기완 선생님은 너무 멀게 느껴지고, 나랑 같은 인권활동가라는 느낌은 없으니까…… 활동가로 살면서 늙어가는 모습을

너의 취약함과 나의 취약함이 다르겠지만
그런 취약함을 서로 숨기는 게 아니라
드러낼 수 있는 관계, 혹은 그걸 드러내면서
관계 맺을 수 있는 사회를 만들고 싶어요.

우리는 아직 많이 보지 못했죠. 인권운동의 역사가 짧기도 하니까요. 그런 의미에서 본보기가 많지 않으니까, 내가 나이 들었을 때 어떤 모습인지 상상이나 이해가 안 되고, 몸으로 이해하기는 더 쉽지 않은 것 같아요. 그리고 또 나이듦이나 늙어감에 대해서 생각하거나 고민할 때 보통 '노후 준비'를 떠올리잖아요. 그런데 활동가는 노후 준비를 탄탄하게 할 수 있는 직업이 아니죠. 그래서 사실 저는 노후 준비에 대해서도 생각을 안 하려는 편이거든요. 그걸 생각하면 막막하고 답답하기만 하지, 해결되는 게 없으니까. 그러니 그것을 넘어선 나이듦에 대한 고민을 할 이유나 여력이나 필요 등이 아직 없는 것 같아요. '파란 하늘' 같은 거죠."

그의 믿음에 나의 믿음을 보태며

그는 은평구에 있는 (아파트라 불리지만 아파트라고 할 수는 없는) 건물의 6층에 살고 있는데, 엘리베이터가 없는 건물이라 계단을 걸어 올라가야 한다. 6층에 도착하면 숨이 차 헉헉대는 그 앞에 시원한 전망이 펼쳐진다. 전망 있는 집이다. '사랑방'과 은평구의 거주지. '전망 있는' 두 개의 장소에 거주하다니, 복이 있는 '젊은이'(라고 나는 말하고 싶)

다. 지속성을 보장해주는 유대와 연대, 관계성을 말하기도 어려운 시대다. 사람들은 기껏해야 '헤쳐 모여'가 자유로운 네트워크 정도로만 소속감을 갖고 싶어 한다. 소위 유동성의 시대. 이 시대에 이념의 투명성과 신념의 두께 없이는 구현하기 힘든 인권 '운동'의 움직임을 어떻게 후퇴가 아닌 변신과 전환으로 계속할 수 있을지? 1992년에 태어난 그와 1992년에 태동해 1993년에 발족한 인권운동사랑방 사이에 어떤 신비로운 운명이 있기를 진심으로 빌어본다. 사랑방도 그도 잘 늙어가길 바란다. 원하는 사람은 누구나 함께 활동할 수 있는 곳이 '사랑방'이 아닌가. 이 활짝 열린 문으로 들어오는 초짜/젊은 활동가들이 '저렇게 활동가로 늙어가는 거구나, 나도 계속 활동가로 나이 들면 저런 모습이겠구나' 짐작할 수 있도록!

'사랑방'도 그도, 상황적 전술로서의 포기나 물러섬, 그리고 필연적인 버팀과 지킴 사이에서 '파란 하늘'의 진자운동을 잘 지켜내기를 빈다. "들리지 않았던 사람들의 목소리로부터, 몫 없는 사람들의 자리를 찾아나가는 싸움으로부터, 차별을 받는 사람들의 차별 경험으로부터 변혁이 시작될 수 있다"는 '사랑방'의 믿음에, 그의 믿음에, '사랑방'과 그를 믿는 나의 믿음을 보탠다. 노년들이 겪는, 겪게 될 차별 경험이 이곳에서라면 새로운 변혁의 디딤돌이 되겠지.

두려움이
우리의 미래를
압도하지 않도록

홈리스행동 활동가 · 이동현

빈곤사회연대 활동가 · 김윤영

재난의 내용은 계층마다 다르다

코로나 재난 시기는 사회 구성원들이 얼마나 다른 삶의 환경 속에서 살고 있는가를 여실히 드러내고 있다. 장애인 시설과 노인요양 시설, 홈리스 재활 센터 등에서 거주하는 사람들은 인권의 제한과 침해를 감수해야 한다. 감염병 위기 상황에서도 고강도의 대면 노동을 계속해야 하는 보건의료진, 돌봄노동자, 택배기사 등은 취약하고 차별적이며 위험한 하루하루를 살고 있다. 그리고 '서로의 안전을 위해 집에 머물라'는 방역 지침하에 자신들의 '집'인 공공 역사에서 퇴거당하고 살림살이를 철거당하는 홈리스들이 있다. 이미 안전하고 안녕한 사람들에게는 '쓰레기더미'에 불과한 "해진 배낭과 구겨진 봉투에 꾸려진 짐". 그러나 홈리스들에게 이것은 "살림살이의 전부이고, 수많은 노고와 시간을 들여 모은 것"이다. "역 근처에 앉아서 쉬거나 졸기도 했는데, 다 못 하게 해요. 앉지도 말고 집에 가래요. 시민청 아래 있던 사람들은 바깥으로 쫓겨 나갔고, 탑골공원이 폐쇄되고 지하철역 노숙이 안 되니까 사람들이 원각사나 공원 주변으로 밀려났어요. 화가 나요. 자꾸만 집에 가라고 하는데, 우리는 이런 데가 집인데……." 홈리스행동의 아랫마을 홈리스야학 학생회장인 로즈마리(66세) 씨의 말이다.[1] '가정'을 중심으로 이뤄지는 방역 대책이 홈리스에게 맞지 않음을 강조하며, 이들에 대한 국가의 보호 조치 의무를 강조하는 유엔 주거 보고관의 목소리는 아무런 반향을 불러일으키지 못했다.[2] 오히려 서울시는 한술 더 떠서 서울역 인근 무료 급식소인 '따스한채움터'에서 밥을 먹으려면 'RFID 노숙 인증' 카드를 발급 받으라고 윽박지른다. 홈리스들에게 코로나19는 이렇게 감염 공포가 아니라 "'드럽고' 치사한 밥" 앞에 줄을 서야 하는 기근이 되었다.[3] 어느 때보다 국가가 필요한 시기에 홈리스들은 어느 때보다 심각한 '국가 없음'의 상태를 경험하고 있다.

폐휴지와 고물, 쪽방, 그리고 여성 노년

2018년 거제시에서 일어난 살인 사건 하나를 환기해보자. 여성, 58세, 키 132센티미터, 체중 32킬로그램, 신오교 다리 밑에서 노숙. 피해자를 묘사하는 몇 개의 단어다. '초등학생 수준의 왜소한 체형'을 가진 그를 180센티미터의 건장한 20대 남성이 30여 분간 72회에 걸쳐 주먹과 발로 폭행한 이 사건은 꽤 많은 소문을 낳았다. 피해자와 가해자의 엄청난 체격 차이가 사건의 폭력성을 온몸으로 느끼도록 만들었기 때문일까. 그러나 그보다 먼저 2014년에 발생한 송파 세 모녀 자살 사건이 그렇듯 이 사건 역시 사람들의 마음을 한동안 좀 심란하게 했을 뿐, 어떤 공적 영역의 변화도 이끌어내지 못한 채 잊혀졌다. 5년 전에 발생한 사건이건만 이 질문은 여전히 나를 놓아주지 않는다. 그는 왜 입대 문제로 스트레스를 받던 한 남성 청년의 '감정 처리장'이 되어야 했을까. 평소 눈에 띄는 특이한 화장을 하고 다니던 탓에 상인들이나 지역주민들에게 꽤 알려졌다지만, 이렇게 알려진 탓에 그는 보호받기보다 위험해졌다. 빈곤과 노숙, 그리고 늙음과 성별, 신체적 조건이 피해자의 마지막 삶(의 비극)을 친친 감고 있다. 특이한 외모로 거리 생활을 하며 늙어가는 여성은 일본 요코하마에서 한때 '메리'가 누렸던 '예술가의 뮤즈' 지위나,[4] 한국의 맥도날드 할머니에게 쏠렸던 방송의 호기심 어린 시선으로부터 점점 더 멀어지고 있다. 거리 생활(자)에 대한 낭만화된 시선이 유지되기엔 현실이 너무 가차 없고 폭력적이다.

빠른 속도로 고령화가 진행되는 현재, 노년기에 대한 대중적 불안은 두 개의 기본 축을 중심으로 번식한다. 폐휴지를 주우며 가까스로 생계를 유지하는 빈곤한 노년과, 치매에 걸린 채 요양 시설의 고립 속에서 생을 마감하는 노년. 이 두 모습은 사람들이 가장 두려워하는 비참한 말로의 전형이 되었다. 대중들은 이 두 스테레오타입 앞에서 심하게 진저리를 치지만, '우리 모두'의 현실로 직면하고 구조의 문제로 해결하려는 의지는 아직 형성되지 않고 있다. 각자도

생의 시류 속에서 그저 '주여, 이 잔이 내게서 지나가게 하옵소서'라고 기도문만 외고 있는 형국이다. 노숙은 거리 생활을 가리킨다. 거리 생활은 쪽방, 고시원, PC방, 만화방, 찜질방, 무허가 건물 등에 거주하거나 아는 이들의 집을 전전하는 것 등에서 그다지 멀지 않다. 여성 노숙인들은 거리 생활 이전에 여러 기도원을 거치기도 한다. 이것들은 모두 안전하고 안정적인 생활이 불가능한 주거지들이다. 활동가들이 노숙인이라는 용어 대신 홈리스라는 용어를 사용하자고 제안하는 이유다. 홈리스home-less는 홈home이 없는less 사람들이다. 이 단어를 세간을 떠도는 상투적 배경 지식 없이 이해하려면 '홈은 무엇인가'를 질문하게 된다. 물리적 구축물인 건물로서의 집이 없는 게 아니라 그보다 훨씬 복잡한 사회문화 공동체로서의 집이 없다는 거다. 물리적·심리적 안전망 내지는 지지대가 된다고 여겨지는 그 집이 없다는 것이고, 그런 집이라면 즉각적으로 가정이나 가족이 떠오른다. 이성애 4인 가족 같은 것 말이다. 홈리스란 이 모든 것이 없는, 혹은 이 모든 '제도'에서 떨어져 나간 사람이다. 홈리스행동이나 빈곤사회연대 활동가들은 이런 정황의 근본 원인을 자원의 불평등한 분배로 인한 빈곤에서 찾는다. 그 빈곤의 타격이 어느 정도인가를 가장 명시적으로 나타내는 것이 주거 환경이다. 그래서 이들 활동 진영에서 홈리스는 일단 주거 빈곤층을 가리키는 말로 이해된다.

홈리스 '문제'를 주거 측면에서의 빈곤이나 취약성 문제로 접근하고 구조적 해결책을 찾는 과정에서 홈리스가 신분이나 정체성이 아니라 상태 혹은 상황임을 확실히 아는 것은 중요하다. 그래야 개인의 성격 문제나 개인에게 닥친 불행한 운명이 아닌 공적 의제로 풀 수 있다. 그래야 자본주의 그리고 복지 시스템을 제대로 갖추지 않는 국가에 맞서 안전하고 안정적인 삶의 거처를 누구나 누릴 보편적 권리로 주장할 수 있다. 폐휴지나 고물을 주우며 가까스로 생계를 유지하다 고독한 죽음을 맞이하는 사람들은 많은 경우 쪽방 주민들이다. 고령화가 심화되면서 실제로 거리 생활로 유입되는 노년이 늘고 있다. 홈리스행동 활동가인 이동현에 따르면 현재 노숙으로 유입되는 사람들의 1위는 60대이고 50대와 70대가 그 뒤를 따른다. IMF 후유증으로 거리에 내몰렸던 사람들이 주로 일자리를 잃은 40대였던 것과 비교해보면 시대적 상황의 차이가 확연하다. '정든 마을에서 살다 죽기Ageing in Place', 커뮤니티 케어 등의 슬로건이 달달한 위안을 제공하는 동안, 고령화 사회가 된 한국에서는 점점 더 많은 사람이 가파른 추락을 경험하고 있다. 이런 현실 속에서 홈리스로 생을 마감할지 모른다는 두려움과 직면하기 위해 제대로 알아야 할 것이 무엇인지, 홈리스행동 활동가 이동현과 빈곤사회연대 사무국장 김윤영을 만나 이야기를 나눴다. 이동현 활동가는 2006년부터 홈리스행동에

서 활동하고 있으며, 김윤영 사무국장은 2010년부터 빈곤
사회연대에서 활동하고 있다.

노숙인, 그리고 노인복지법이 요구하는 '노년' 지위

의료 기술의 발달과 함께 기대 수명이 늘어나면서 생물학
적 나이와 사회가 행정적으로 분류하는 나이, 당사자들이
느끼는 나이 사이에는 격차가 있다. 여기에 경제적인 요소
까지 덧붙이면 '노년은 누구인가', '노년기는 언제 시작하는
가'에 대한 답은 상이할 수밖에 없다. 웬만큼 경제력을 갖고
자기 관리 내지는 자기 돌봄을 하는 사람이라면 대략 75세
부터 자신을 노년이라고 느낀다(고들 한다). 100세 고령화
시대에 65세는 노년도 아니고 또 그 수도 많으니 노인복지
법이 제시하는 노인복지수급 연령을 현재 65세에서 상향
조절해야 한다는 언설이 분분하다. 기초노령연금은 노년들
이 65세부터 받는 복지 서비스의 핵심이다. 소득이나 재산
분포에 따라 대략 25만 원에서 30만 원 수준에서 지급된다.
박근혜 정부 때부터 심심찮게 부상하곤 했던 기초노령연금
수급 연령의 상향 조절 언급은 특히 삶의 조건이 척박해 남
들보다 훨씬 빨리 노년이 되는, 즉 외부에 의존 내지는 의
탁하게 되는 이들에게는 매번 심장이 철렁하는 이야기다.

소득부터 자산까지 한국의 노년들 내부에는 현격한 격차가 있다. 노년층의 빈곤율이 45~50퍼센트에 육박한다고 하지만, 은퇴를 시작한 베이비부머들은 자산을 가장 많이 가진 집단이기도 하다. 노년 계층 내에서의 서로 다른 현실에 주목할 필요가 있다. 이동현과 김윤영은 홈리스의 평균 연령이 50대임을 지적하며, 빈곤으로 인한 질환들과 그로 인해 앞당겨진 힘겨운 노년기를 염려한다. 홈리스행동이 20년간 노숙인 실태조사를 해본 결과 IMF 노숙인은 거의 다 사망했고, 현재 최고령 노숙인들은 비노숙 상태에서 노숙 상태로 유입되고 있는 노년들이다.

"무의탁 노인이라는 말이 있듯이, 노인이 된다는 것은 일상생활부터 경제적인 것에 이르기까지 옆에서 받쳐 줘야 하는 상태로 이해되는데, 사실 홈리스 상태는 그런 면에서 뭐랄까…… 노령기를 훨씬 더 젊을 때 맞이하는 상태인 것 같아요. 일찍 온 나이듦, 일찍 온 노인 시대 내지 노령인 거죠. 홈리스 상태가 경제적·관계적 단절을 다 경험하고 자신을 많이 의탁해야 하는 상태로 사는 것이라 '사회적' 노령 상태가 일찍 와요. 실제 생물학적 연령이 노년 상태에 있는 분들은 그에 따라서 치매라든지 여러 가지로 훨씬 더 신체 기능이 저하되는 일이 많고, 이런 것들로 인해서 어려움이 더 크고

물론 죽음도 훨씬 더 가깝죠. (…) 홈리스가 노년이 되면 장기요양등급 심사를 받아서 요양을 받아요. 그래서 쪽방에 요양보호사들이 오거든요. 그렇지만 한 평밖에 안 되는 곳에서 요양보호사들이 제대로 된 서비스를 할 수가 없어요. 의사 표시도 제대로 못하면 쪽방관리자들한테 사람 취급도 제대로 못 받아요. 그래서 거의 나가지도 않고 쪽방에 그냥 계속 계시는 거예요. 비참한 거죠." (이동현)

"홈리스 상태에 있거나 일용직 노동을 계속해온 분들 가운데서 경제적으로 빠르게 열악해진 분들일수록 노인성 질환을 갖고 계신 분들이 많아요. 이미 신체가 노화된 거죠. 그래서 대부분 혈압이나 당뇨 같은 만성질환을 다 가지고 있고…… 50대부터 이미 이따만큼씩 약을 먹어야 하는 분들이 계세요. 그런데 한국의 복지제도는 부양의무자 기준도 있고 근로 능력 평가도 있고 여기에 가구를 단위로 하는 급여 신청 조건이 있어서, 65세가 지나야 급여 안으로 진입할 수 있게 되는 사람, 그 정도로 상당한 시일이 지나서 가족관계가 자기 마음에서든 실제로든 정리가 되어야 복지제도로 진입할 수 있는 사람 등 다양한 유형이 존재해요.
한국의 복지제도는, 빈곤 상태만 겪어서 되는 게 아

니라 사람들이 상당히 많은 것들을 단념한 이후에야 제도에 진입할 수 있게 구성돼 있어요. 개인들이 겪고 있는 문제랑은 상당히 맞지 않는 기준이죠. 특히 65세라는 기준이 저는 그렇다고 봐요. 사실 박근혜 정부 때도 이걸 70세로 올리자, 75세로 올리자…… 요즘 창피해서 환갑잔치 누가 하냐 그런 이야기들 많이 했잖아요. 근데 제가 만난 50대 분들 중에는 65세가 되기만 기다리면서 거리에서 시간을 보내는 분들이 있거든요. 그런데 이런 상태에 대한 이야기는 너무 많이 삭제되어버리는 거죠. 그럼 저는 그게 걱정이 되는 거예요. 이제 3년 더 기다리면 되나, 2년 더 기다리면 되나? 이런 분들이 갑자기 7년을 더 기다려야 되면 어떡하지? 이게 막 염려가 되는 거죠." (김윤영)

한 번 더 강조하자. 노년은 단일한 집단이 아니다. 노년에 대한 사회적 인식이나 사회적 기준의 마련은 각각의 노년들이 처한 사회문화적·경제적 상황을 고려한 것이어야 한다. 노년의 빈곤 상황에 대한 논의도 각각의 노년이 겪었던 일들을 통시적으로 살피는 것에서 출발해야 한다. 어렸을 때부터 가난했던 이들이 최종적으로 가난에 빠지기 쉽다는, 한국 사회에서 어느 정도 증명된 삶의 구조적 경로가 있다면 그것에 주목하면서 노인복지를 구성해야 한다.

이 경로는 또한 한국의 가부장제적 특성상 매우 성별화되어 있다. 여성 노숙인의 경우, 가정폭력과 성폭력, 노점상 철거 등 노동하기 어려운 환경이 거의 빼놓지 않고 등장한다. 예를 들어 김복자(가명, 70대) 씨는 "내가 객지 밥을 어렸을 때부터 먹어서 눈치가 빨라. 혼자 나와 사는데 나이는 자꾸 먹고 돈은 없고, 진짜 손발이 힘이 없고 맥이 탁 풀려요. 그래서 내가 그냥 시골로 밭일 거들어주면서 거지마냥 얻으러 댕겼어. 시골에서 한 몇 년 살다가 서울로 올라와서는 또 막막한 거야. (…) 내가 52살서부터 구루마를 끈 거 같아. (…) 처음 길에서 잘 때는 죽겠지. 그래도 몸에 인이 백히니까 괜찮아"라고 말한다.[5]

김윤영이 얼마 전 거리에서 만난 한 노년 여성의 경우 또한 노인복지가 고려해야 하는 개별 사정이 무엇인지 가르쳐준다. 사위와의 갈등 때문에 집에서 나온 그는 딸네에서 주소지를 빼오면 일단 주거 급여 신청을 할 수 있었지만 그 선택을 하지 못했다. "딸에게 선포하는 일"이 되기 때문이다.

"내가 지금 화나서 밖에 나온 거랑, 주소를 아예 빼버리는 거랑은 다른 거고, 취약한 네트워크 상태에서 새로운 선택을 감당해야 하는 일이 되는 거잖아요. 이 사람으로서는 지금은 그런 선택을 못할 수도 있죠, 두려우니까. 그런데 그런 선택을 하지 않으면 복지 지원이 없는 거예요. 이후에 그런 선택에 내몰리게 될 때는 훨씬 더 어려운 상황에 처하거나 건강을 빠르게 잃고 난 다음일 텐데…… 이럴 때 저는 좀 답답한 마음이 드는 거예요. 주소지를 당장 빼지 않으면 안 된다는 식으로 엄포를 놓는 복지제도가 답답한 거죠. 그렇게 하면 이 사람이 사실 무슨 선택을 할 수 있겠어요. 이건 제도가 편리한 거지, 사람이 편리한 건 아닌 거죠."

'이웃'을 말하지 말라, 공공 영역을 늘려라

극심한 각자도생의 한국 사회에서 근로소득의 부재는 빈곤으로 이어진다. 사람들이 안전한 노후를 상상하며 월세 수입에 거는 큰 기대는 그렇지 않을 경우 비참을 피하기 어렵다는, 사람들의 공유된 공포를 드러낸다. 이 공유된 공포는 '홈리스'라는 기표에서 빠르게 번진다. 홈리스 아닌 사람들이 홈리스를 만나거나 친분을 맺는 일은 드물다. 그들 각자가 어떤 사람인지, 어떤 희로애락을 겪으며 어떻게 사는지 잘 알지 못한다. 그러니 감염의 위험을 내세워 공공 역사에서 홈리스들을 퇴거시키라는 민원은 '상상된 홈리스'에 부착된 공포의 이면일 확률이 높다. 김윤영이 말하듯, 달동네도 사라진 지금 공간적으로 특정된 빈곤을 도시 안에서 마주칠 일은 별로 없다. 여러 빈곤의 모습 중에서 가장 극단적인 상태를 보여주는 노숙이 사람들에게 불러일으키는 공포는 '어쩌면 저 상태가 내게서 그다지 멀지 않을 수 있다'는 마음 때문이다. 실제로 한국 사회에서 빈곤은 죽음보다 더 강력한 두려움을 불러일으킨다. 가난에 빠졌을 때 목숨을 끊는 일들이 반복될 정도다. 이런 상황에서 홈리스를 비롯해 극한 빈곤 상태에 처한 이들의 보다 안전하고 안정적인, 사람다운 일상을 위해 이웃의 선한 마음을 촉구하는 따위의 해결책을 찾아서는 안 된다. 선한 이웃의 도움은 사태를 오히려 악화시키고 공공복지의 책무를 희석하기 때문이다. 부녀회 등 자원봉사자들이 마음과 돈과 시간을 쏟아 급식을 제공하는 일은 국가가 모든 국민이 마땅히 누려야 할 건강권을 선량한 이웃의 온정에 떠맡기게 하는 빌미가 된다.

"사회적 기업이니 하는 비영리단체들도 법률상 있는 제도들, 즉 '공'에 대립되는 '사'인 것이죠. 공을 강화하는 방식으로, 자본주의가 철폐된 모습으로…… 그런 형태로 고민해야죠. 그것을 은폐하든 드러내든 '사'라는 것은 어쨌든 이윤을 위해 복무하는 질서에 의해 움직이니까. 공공 영역이 커져야 해요. 예를 들어서 민간 어린이집보다 공공 어린이집이 훨씬 더 좋잖아요, 코로나 되니까 공공 병원이 중요하다는 걸 다들 알게 됐고요. 그런데 공공 병원을 이만큼만 운영하니까 그걸 이용해야 하는 홈리스들은 다 쫓겨나는 문제가 생기는 거죠. 그리고 정부 입장에서는 공공 영역에 시민사회 영역을 참여시켜서 낮은 관리비로 유지하려 하고. (⋯) 재단 교부금은 제로고 노동자들의 처우는 엉망이죠. 갈등이 불거져서 문제 제기를 할 때면 이건 '민간에 위탁 준 거니까 거기 가서 말해라' 하고, 민간에 가면 지침대로 할 뿐이라고 하고. 결국 민영화 문제인 거죠. '이웃'은 가능하지 않다, 가능하다고 말하지 말라는 거예요. 홈리스의 문제, 빈곤의 문제가 뽑어져 나오는 저변의 문제가 있는 것인데 극도의 고통을 조금 완화하는 것들, 현상을 가리고 파스 붙이는 효과만 내는 것들, 그런 것들은 홈리스들을 보이지 않게 만들 뿐이죠."(이동현)

"공간적으로도 사실 대부분 2년짜리 세입자들이 살고 있는 '마을'이 이전과 같은 공동체 성격을 띨 수 있느냐, 사람들이 정주성을 가질 수 있느냐 물어보게 되게 어렵다고 생각해요. 그만한 마을들도 거의 다 없어지고 아파트 등으로 다 대체되는데, 이런 공간은 다양성이 없어요. 비슷한 소득과 비슷한 사회적 지위를 가진 사람들을 우물처럼 모아놓는 그런 공간이다 보니까 사실 '서로 기댐'의 조건들이 나오기 어려운 거죠. (…) 마을 공동체가 이런저런 역할을 해야 한다고 말할 때, 그게 항상 '공공의 빈틈을 메워라'라는 재생산의 요구 방식으로 오는 게 이상해요. 기본도 서 있지 않은데 마치 틈새를 더 잘 찾아내면 된다는 듯이, 주변의 이웃들이 따뜻하면 된다는 듯이 말하는 건 본질을 호도하는 바가 있어요. 그런 반발감이 커서 일부러라도 그렇게 말하기 싫어지죠. 절대 빈곤율이 7, 8퍼센트인데 수급률은 4퍼센트……. 최소한 이걸 채우기 위해 최선을 다할 때 마을 공동체도 유효성이 있지, 그렇지도 않은 상태에서 '마을에 복지반장 찾는다'[6] 하면서 마을에 있는 몇 개 단체들에 위임장 하나씩 주고……. 이 사람들한테 긴급 복지 신청하러 가면 기준이 안 돼서 안 된다, 그냥 보내기 힘드니까 쌀 한 포대 주는 식이에요. 이게 뭐냐는 거죠. 일단은 공공의 제도가 바로 서야 해요. 그게 먼저죠." (김윤영)

모두가 각자의 자리에서

자산이 없어도, 소득이 중단되더라도 어느 정도 살 수 있다. 큰 돈 없어도 비참하지 않게 살 수 있다. 이런 확신을 주

그렇게 하면 이 사람이 무슨 선택을 할 수 있겠어요.
이건 제도가 편리한 거지, 사람이 편리한 건 아닌 거죠.

는 사회가 되어야 한다. 공공간병인제 도입도 그런 맥락에서 논의될 필요가 있다. 돈을 내서 사야 하는 상품이 아니라 사회 서비스로 보장받는 돌봄이어야 월세를 위해 집 두 채 마련하려고 미친 듯이 돈 버는 일을 멈출 수 있지 않을까. 그렇지 않으면 '우리, 그래도 희망을 갖고 살자'라는 이야기는 공허하다고 말하는 두 사람에게 나는 어떤 할머니, 할아버지가 되고 싶으냐고 물었다.

김윤영 활동가는 긴 침묵 끝에 이렇게 말했다.

> "글쎄요, 어떤 노년…… 항상 좋은 할머니가 되는 게 목표였는데…… 옛날에는 막연하게 '아, 나는 나이 들어서도 종로에서 플래카드 들고 열심히 행진할 거야'라는 이야기를 했었는데, 최근에는 노인에 더 가까워지고 그때보다 훨씬 더 가까운 이슈로 느껴져서 그런지 오히려 '나는 늙어서 어떻게 소득 활동을 할 수 있지? 아니면 노년 이후에 어디에서 살고 있을까'라는 질문이 압도하는 것 같아요. (…) 이제까지는 서울에서 살며 생활했는데 어디론가 밀려나면 새롭게 적응을 해야겠지?"

이동현 활동가의 답변은 이랬다.

"저는 기억력도 그렇고 기능도 많이 떨어지고 그러면서, 활동을 언제까지 할 수 있을까 생각해요. 예전에는 '변절하지 말아야지, 끝까지 활동해야지'였다면 지금은 '도움되는 거 맞아?'라는 생각이 들어서 긴장을 좀 하고 있죠. 그럼에도 불구하고 '왕년에 내가……' 이렇게 얘기하는 사람은 되지 말아야지 다짐해요. 옛날에 열심히 운동했던 사람들이 다 출세해서 청와대에 한 번씩 갔다 오고 그러는 거 보면서, 어쨌든 지금의 생각들을 계속 유지하면서 운동을 해나가야겠다고 생각해요. 그게 노년의 내 모습에 대해 지금 제가 가지고 있는 기준이에요. 많은 사람이 자기 생각대로 사회가 안 바뀌니까, 자기 생각을 바꾸는 거 같아요."

이동현 활동가가 전혀 시니컬하지 않은 목소리로 들려준 마지막 말은 오랫동안 내게도 화두가 될 것 같다. 자신의 안전하고 안정적인 노후를 위한 공공성 토대 마련에 우리 모두, 각자의 자리에서 어떤 방식으로 기여하고 투쟁할지 고민할 노릇이다. 일단 이 투쟁을 직업이자 삶으로 살아내고 있는 활동가들에게 지지자와 조력자 역할을 하는 것으로 시작하면 어떨까.

트랜스젠더'의' 나이듦,
또는 트랜스젠더'와' 나이듦

한국퀴어아카이브
퀴어락 활동가

루인

몸과 성별 정체성

2020년 넷플릭스에서 흥미로운 다큐멘터리를 한 편 볼 수 있었다. 할리우드가 만들어온 트랜스젠더 이미지의 역사를 비판적으로 조명하는 〈디스클로저〉[1]다. 영화는 할리우드에서 활동하는 트랜스젠더 창작자, 배우, 가수, 젠더 학자 등이 등장해서 할리우드 미디어가 트랜스젠더의 정체성을 둘러싸고 어떤 편협하고 혐오적인 담론을 만들어왔는지, 현실 속에서 트랜스젠더를 만날 기회가 거의 없는 '비트랜스젠더'와 '어린 트랜스젠더'에게 어떤 영향을 끼쳤는지 조목조목 밝혀낸다. 할리우드에 따르면 트랜스젠더는 '웃긴 사람', 무엇보다 '역겨운' 사람이다. 이 웃기고 역겹다는 감정은 '폭로'와 관련된다. 제목이 암시하듯이 트랜스젠더는 자신의 젠더 정체성을 숨긴 채 살아야 하고, 그래서 들킬까봐 두려움과 불안에 떨면서 사는 사람이다. 이들의 정체성이 폭로될 때, 비트랜스젠더에게 불러일으키는 '자연적이고 신체적인 반응'이 역겨움이라는 것이다. 화장실로 직행하게끔 하는 역겨움은 혐오가 몸으로 표현되는 가장 직접적인 방식이다. 이와 관련해 트랜스 남성인 브라이언 마이클 스미스는 너무나 어이없어하면서 할리우드의 전형적 '폭로 장면'의 일관된 비상식적 상투성을 꼬집는다. 나는 폭로 장면의 이런 상투성에 주목했다. 할리우드 재현에서 트랜스젠더 당사자는 놀라움으로 말문이 막힌 상대방에게 자기 정체성의 진실을 밝혀야 할 때, 말로 설명하는 게 아니라 다짜고짜 옷을 벗어 신체의 특정 부위를 보여준다. 자신의 성 정체성을 숨긴 게 갈등의 원인이라면, '이봐, 내 말 좀 들어봐, 사실 일이 이렇게 된 거야'라며 해명을 꾀해야 하지 않는가. "일반인들은 그렇게 대화로 풀지 않나요?" 실소를 터뜨리며 브라이언 마이클 스미스가 묻는다.

젠더 정체성에 관한 한 무엇보다도 몸이 가장 확실한, 말이 필요 없는 물적 증거라는 이런 오인된 '사이비 유물론'은 지금도 트랜스젠더를 둘러싼 담론에 큰 영향을 끼치고 있다. 이 사이비 유물론에 토대를 둔 성별 정체성의 신화에 따르면, 사람은 여성이나 남성으로, 즉 여성의 몸이나 남성의 몸으로 태어나서 여성성이나 남성성을 구현하며 산다. 성별 정체성의 신화에서 몸과 성역할은 본질적으로 연동되어 있다. '여성인 줄 알았는데 남성의 몸을 가지고 있더라'가 기막히다는 웃음이나 역겹다는 감정으로 이어지는 건 바로 이 본질적인 연동의 어긋남 때문이다. 이 어긋남의 확인은, 본질을 거스르며 여성인 척한 너, 거짓말을 한 너는 처벌받아 마땅하다는 법적·윤리적 판결로 자연스레 이어진다.

'남자의 몸에 갇힌 여자'라든가, '여자의 몸에 갇힌 남자'라는 말도, '성전환자는 여성을 분열시킨다'라는 말도, 그리고 '혐오적인 모조 여성'이라는 말도 같은 출처에서 논리적 정당성을 찾는다. 전자는 트랜스젠더를 자연에 속하는 몸과 그 몸에서 자연스레 발산하는 젠더 특성 간의 본질적 연동에 불행한 오류가 생긴 사례로 보고, 후자는 인공적 조형이나 (언제나 과잉이거나 언제나 모자라는) 모방으로 본래 온전하게 여자인 존재를 위협하거나 조롱하는 존재로 본다. 2020년 숙명여대에 합격한 트랜스젠더 여성의 입학을 두고 일부 재학생들이 벌인 강력한 반대 운동의 '논리적 근거'도 이 본질적 성별 정체성 이해에 놓여 있었다.

언어 작업과 아카이빙

루인은 언어로 트랜스젠더퀴어 정체성과 그것의 구성성을 설명하려는 사람이다. 장르와 무관하게 모든 텍스트는 현실을 반영할 뿐 아니라 현실을 구성한다. 지금과 같이 미디어가 매개하지 않는 현실이 거의 없다고 할 정도로 미디어 편재성이 높은 시대에는 반영과 구성 사이에 경계를 상정하는 것조차 가당치 않게 느껴진다. 트랜스젠더처럼 세상에 없던/없는/없어야 하는 정체성의 경우 이런 현상은 더욱 심하다. 앞에서 소개한 〈디스클로저〉의 등장인물들이 반복해서 고백하는 것도 이미지와 현실 사이의 상호 구성성이다. 할리우드가 보여주는 트랜스젠더가 없었으면 자신의 성별 정체성을 알 도리가 없었을 테고, 트랜스젠더라는 정체성의 특성 또한 할리우드가 제시하는 걸 모방하거나 상황적으로 협상하거나, 창조적으로 전유하면서 점차 자기 것으로 만들어나간다. 루인은 이 과정에 관심이 많다. 트랜스젠더퀴어인 그가 여기에 쏟는 관심은 역사적·인식론적이고, 그리고 실존적이다.[2] 자신의 관심에 가능한 전문성을 부여하려 애쓴다. 그가 트랜스젠더로 자신을 정체화하는 과정에서도 영향은 하리수 같은 실제 트랜스젠더 인물이 아니라, 트랜스 연구사 최초로 트랜스 당사자가 쓴 논문이라고 평가받는 논문에서 왔다. 그에겐 샌디 스톤의 이 논문이 설명하는 트랜스 개념이 설득력 있었던 것이다.

이 글을 읽게 될 독자에게 자기소개를 해달라고 내가 부탁했을 때, 그는 조금은 건조하게 말했다. "1979년생이고, 한국퀴어아카데미 퀴어락에서 2009년부터 아카이빙 작업을 하며, 2019년부터 대학원에서 퀴어 강의를 하고 있습니다." 그러고는 장난기가 담긴 목소리로 말을 이었다. "인터넷에서 돌아다니는 '짤' 중에, 소위 나이 든 사람들이 하는 이런 말이 있거든요. 자기 어릴 때인 10대 시절에는 나이 든 사람들이 왜 몇 년생이라고 말하는지 이해하지 못했는데, 이젠 알겠다." 바로 이해하지 못한 나를 위해 그가 보충설명을 해줬다. "나이 들어 보니 몇 살인지 바로 계산이 안 돼서, 그냥 몇 년에 태어났다고 말하는 거죠." 아무튼, 그는 덧붙였다. "1979년생은 격동의 70년대 마지막 생이라고 말하곤 해요." 격동의 70년대 마지막 해에 태어난 그는 이제 그러니까 마흔세 살이다. 나는 '새파란 젊은이일세'라고 말할 뻔했다.

그때 다시 그의 말이 이어졌다. "요즘 트랜스젠더들이 저더러 시조새라고 해요." 시조새라고? 마흔세 살에? 루인과 진행한 인터뷰는 매우 중요한 각성의 지점들로 안내했는데, 그중 핵심은 트랜스젠더'의' 나이듦은 동시에 트랜스젠더'와' 나이듦일 수밖에 없다는 것이다. 마흔셋에 '시조새'가 된 연유에 대해서는 뒤에서 좀 더 자세히 언급하기로 하고, 그의 언어 작업에 대해 조금만 더 말하자. 그는 지금 10년째 사는 고양시로 이사 오기 전에 이태원에서 살았다. 이태원에 살 때 그는 이태원 연구를 하고 있었다.

"그 동네 들어갈 때 부동산에서 나갈 때는 돈 받고 나갈 거라고 했거든요. 재개발되면 몇 백이라도 이사비 받고 나갈 거라는 말이었죠. 근데 아직 재개발이 안 됐어요. 이태원과 관련해서는 재개발이 저한테는 약간 민감한 이슈인데, 왜냐하면 재개발 지역이 이슬람 사원과 후커힐, 게이힐 등이 있는 보광동 쪽이거든요. 트랜스들이 일하는 업소가 밀집한 지역들이죠. 실제로 재개발되면 거기에 있는 그 업소들 다 어디로 가지? 갈데도 없고. 누군가가 인터뷰 다큐멘터리라도 찍어주면 좋겠다고 생각했어요. 그렇게 진지하게 다큐멘터리까지는 아니어도 사진 찍는 거라도 좀 배워볼까 생각해서…… 실제로 업소들 입구 사진은 몇 년째 꾸준히 기록하고 있긴 하거든요. 그러면 어떤 업소가 새로 생겼고 어떤 업소가 폐업했는지가 좀 보여요. 입구 사진들을 쭉 찍으면서 위치 체크해놓는 작업을 해오고 있죠."

2009년부터 퀴어락에서 아카이빙 작업을 해오고 있지만, 아카이빙은 의식을 투여해 수행하는 작업이면서 동시에 그의 삶의 구성 요소나 환경과 밀접하게 연결된 무엇이다. 트랜스젠더의 역사가 의식 차원의 기억으로든 물리적 차원의 기록으로든 남지 않으면, 그 자신의 정체성의 역사도 사라질 수 있다. 그러니 아카이빙은 놓쳐서도, 놓아서도 안 되는 일이다.

돌봄과 보부상의 관계

비온뒤무지개재단이나 퀴어 축제 등을 지키는 퀴어 동료들 또한 그의 실생활의 구성 요소다. 그냥 10년 이상 계속 만나오기 때문이 아니라 서로의 존재를 같이 만들고 지켜주는 지지대이기 때문이다. '노년기를 누구랑 함께 보낼 것 같으냐'는 질문에도 같은 이름들이 언급되었다. 지금 활동하고 있는 곳에서 만나는 사람들이 친구요 동료이며, 위기 상황에서 돌봐줄 사람들이다. 이들이라면 연락이 없거나 무슨 일이 생겨 연결이 끊기면 먼저 찾아와주고 문의해주고 돌봐줄 것이라는 감각이 있다.[3] 먼저 돌봄을 요청할지는 아직 잘 모르겠지만. 돌봄을 청하거나 받는 일은 상상에서든 현실에서든 배우고 연습해야 할 일이라고 그는 말한다.

"결속에 대한 어떤 갈망이랄까, 아무튼 결속을 원하는 마음이 별로 많지 않아요. 그래서 주변 사람들이 매우 서운해해요. 욕도 많이 먹어요. 특별히 '그 관계를 끊겠다' 이렇게 마음을 정하는 건 아닌데, 그냥 그렇게 자연스럽게 되는 그런 거? 이러면 끝난 건가, 하는 생각조차 못 할 정도예요. 주변 사람들은 서운해해요. 근데 이 사람들이 나중에든 지금 당장이든 사고가 생기면 돌봐줄 사람들일 것 같아요. 지금 애인님 빼면 가장 먼저 연락할 사람들…… 그래서 아무에게도 이야기하지 않는 어떤 질병이나 그런 거에 대해 미리 언질을 주기도 해요. 나중에 갑자기 연락이 안 되거나 출근 안 하면, 그걸 생각해봐라, 라고."

"돌봄받는 자신을 상상해본 적이 있느냐, 돌봄받는 의존적 상태에 대해 어떻게 생각하느냐 질문하셨을 때 제일 먼저 떠오른 게, 제가 제일 하고 싶은 공부 중 하나가 가정의학이나 응급의학이라는 거였어요. 집에서 임시로 하는 조치 같은 걸 가르쳐주는 학원이 있으면 가서 좀 배우고 싶다는 생각을 많이 하거든요. 간단한 것만 좀 알면 어렵지 않은 조치인데 몰라서 놓치는 게 많아서…… 저도 수치상으론 크게 문제가 없을 때도 계속 어딘가 안 좋은 게 느껴지고 할 때가 있으니까. 그런데 그러고 나서 든 생각이, 내가 돌봄을 받는 게 아니라 일이 생기면 돌봄을 주겠다는 생각을 또 먼저 했구나……. 사실 지금 애인님과 5, 6년 만나면서 돌봄받으려면 어떤 훈련이 필요한가, 그것도 고민이더라고요. 그걸 좀 배우고 있는 시기랄까? 사실은 제가 보부상인데요."

돌봄받는 위치에 자신을 두는 건 여전히 훈련하고 배워야 하는 일이라고 말하면서, 그는 '사실은'이라는 부사어와 함께 자신의 보부상 정체성으로 화제를 넘겼다. 무슨 일이 생기면 바로 그 자리에서 조치할 수 있도록 가능한 만반의 준비를 다 하고 다닌다는 보부상.

"가방을 보면 아시겠지만 제가 보부상인데, 보부상은 누군가에게 무슨 일이 생겼을 때 뭔가를 주겠다고 하는 사람이에요. 내가 받겠다고 하는 사람의 상상으로는 할 수 없는 일이죠. 그래서 오랫동안 그래왔다는 걸 깨달으면서, 돌봄받으려면 특히나 마음의 훈련이 필요하구나 생각했어요. 내가 아플 때, 도움을 받아야 할 때 그 마음의 훈련이 되어 있어야 하는 거죠. 그리고 상대방이 익숙하지 않고 능숙하지 않을 때 그걸 어떻게 이야기해야 하는지……. 지금은 그런 걸 말하는 훈련을 조금씩 하는 단계이고, 많은 시간이 필요하겠구나 싶어요."

참고로 말하자면, 보부상인 그의 가방 안에는 웬만한 긴급 의약품은 말할 것도 없고(약 20종), 필기구, 충전 도구, 드라이버 등 각종 도구가 있다. 그렇게 다 들고 다녀야 안심이 된다. "누군가 도움이 필요할 때면 언제든지 보급하는 그 뿌듯함"에 대해 그는 정말 뿌듯한 표정으로 말한다. 그리고 당연히 가방 안 물품은 시간이 지날수록 추가된다. 달팽이처럼 존재의 집을 통째로 이고 지고 다닐 수 있다면, 아마 그는 그렇게 하지 않을까. 삶의 모든 국면에 대응할 수 있기를 희망하는 그 마음의 다른 한쪽에는 재난 대응이라는 질문거리가 자리 잡고 있다.

"사실 정확하게는 재난에 대한 문제도 늘 고민인 부분인데, '재난이 났을 때 나는 대피소에 갈 수 있는가'라는 질문을 종종 하거든요. 2011년 동일본 대지진이 났을 때 읽었던 자료 중 하나에 따르면 많은 사람이 대피소로 안 갔어요. 특히 트랜스들이 그랬어요. 왜냐하면 그 안에서는 성별 분리가 되기 때문이고, 또 혐오의 대상이 되기도 하잖아요. 그래서 대피소가 안전한가, 차라리 방사능에 노출된 집이 안전한가 고민했을 때 집이 더 안전하다는 결론이 나는 거죠.[4] 그다음에 재난이 있을 때 대피소에 가면 응급 의료품들이 제공되는데, 그때 필수 의료용품들은 나와도 호르몬은 구호가 안 될 거거든요. 그럼 그건 괜찮은 문제인가. 호르몬 투여를 정기적으로 하는 사람이라면 괜찮지 않은 문제죠. 그런 여러 가지 고민을 하면서, 만약 지금 집에 있는데 전쟁이 나고 그래서 대피하라고 할 때 나라면 대피 안 할 것 같아요. '대피소가 집보다 위험하지 않다'는 확실한 감이 없다면 차라리 집에서 불을 꺼놓고 있는 게 훨씬 더 낫겠다 생각해요. 그 대피소와 지금 제 가방이 크게 상관은 없지만…… 제 보부상 세계관에는 재난 대응품들이 좀 많이 있네요."

조금 더 깊은 속내로 들어가보면 트랜스젠더에게는 갑작

스레 가게 될 수도 있는 동네 병원이나 응급실, 나중에 혹시 돌봄 서비스를 받기 위해 거주할 수도 있는 요양병원이나 요양원 역시 재난 대피소의 성격을 갖는다. 실려 온 환자의 젠더 정체성을 의료인이 모르는 경우 '안다면 마땅히 고려해야 할 사항을 고려하지 못해 의료 실수가 발생할 수도 있다'는 우려와 '의식이 있다면 의사에게 미리 알려야 할까, 의식이 없는 경우엔 어떤 일이 발생할까'라는 갈등이 일어난다. 만일 이때 미리 알린다는 선택을 하는 경우, 의사가 트랜스젠더를 혐오하는 사람이라면 그다음 상황은 어떻게 전개될까? 이것은 트랜스젠더를 돌보게 되는 이에게도 마찬가지로 해당하는 질문이다. 질병이나 통증 등 위기 상황에서 도움을 받기 위해 가는 '대피소/피난처'가 소위 일반인이 아닌 트랜스젠더에게도 같은 구호의 도움을 줄 수 있을까. 확신이 서지 않는다. 트랜스 돌봄 센터나 요양원이 조직되어야 할 필요성이 분명해지는 지점이다. '벽장' 밖으로 나와서 산 시간이 20~30년이 넘었는데, 나중에 요양원에 들어가 보이거나 보이지 않는 차별 때문에 다시 자기 정체성을 숨겨야 한다면? 상상하고 싶지 않은 일이다. 다행히도 전 세계적으로 성소수자 노년에 특화된 요양원이 하나씩 둘씩 생기고 있다. 스웨덴이나 스페인, 미국 로스앤젤레스 등에서 민간으로 또는 공공으로 운영되는 성소수자 노년 요양원은 한국 사회 성소수자 인권 활동가에게도 좋은 모델이 되어준다. 한국성적소수자문화인권센터^{Korean Sexual-}minority Culture & Rights Center, KSCRC는 이를 향한 의지를 다지며 당사자들, 그리고 지지하고 연대하는 시민들의 힘을 결집하고자 한다.[5]

"만약 요양사나 이런 사람들이 외부에서 온 완전히 낯선 사람이면 받아들일 수 있을까. 이 몸을 상대방은 어떻게 받아들일까, 수술 안 한 트랜스의 몸을 상대방은 뭐라고 받아들일까. 간병인은 누가 와야 하는 거지, 어떻게 선택해야 하는 거지, 라는 질문을 하면 아직은 감당이 안 되는 지점들이 많은 거죠. 그러니 돌봄은 지금 파트너에게만 유일하게 기대할 수 있는 상황인 건데, 사실 돌봄이 너무 힘든 일이라는 건 상상이 되잖아요. 그렇다면 어떻게 해야 하지? 평생 그 한 사람이 할 수는 없을 거고……."

"고민이 있는 것 같아요. 이를테면 의료적 조치를 하게 되면 이것이 가져오는 몸의 변화가 나이 들면 어떤 영향을 끼칠 것인가에 대한 상상 자체가 안 되니까. 호르몬을 투여하는 사람들은 보통 수술을 많이 권유받거든요. 호르몬 투여만으로는 어쨌든 한계가 있으니까. 그런데 그 영향이 어떤지 조사 결과도 제대로 없어서 나이 들었을 땐 어떻게 되는 건지 알기 어려워요. '암에 걸린다더라, 그래서 빨리 죽는다더라' 하는 식의 악의적인 이야기는 많은데 사실 확인된 건 아무것도 없고. 수술하면 수술한 몸은 나이 들면서 또 어떻게 변해가는지, 어떻게 유지해야 하는지에 대한 지식 자체가 거의 없으니까요.

의학적 조치나 의료 관련 설명도 남성과 여성의 신체 나이에 따라 다르게들 많이 하잖아요. 그러면 호르몬을 투여하는 트랜스는 어떤 조치를 하고 어떤 약을 먹어야 하는 거지? 호르몬 수치가 중요한 기준으로 제시된 자료를 찾아보긴 했지만, 그래도 데이터 자체를 신뢰할 수 있는 건지도 모르고 확실하게 제대로 정리된 자료 자체를 찾기가 어려우니까 모든 게 계속 막연해지기만 해요. 이렇게 많은 것들이 불확실하다 보니 일단 70세든 80세든 그렇게 나이 들 때까지 살 수 있다고 상상하는 것 자체가 일단 중요하다는 느낌인 거죠. 이를테면 '수술하는 트랜스의 70세는 어떤 모습일까' 같은 질문 많이들 하거든요. 많은 젠더퀴어들이 호르몬 투여를 안 하기도 하는데, 호르몬 투여나 수술을 하든 안 하든 70대가 되면 어떻게 살지? 그 해부학적인 혹은 생물학적인 몸은 태어났을 때 지정받은 그대로 있는데, 나이가 계속 들어 70대일 때, 그때는 어떤 모습일까. 그런 상상이 너무 막연한 거예요. 다양한 나이의 모습을 사진 찍어주는 앱들 있잖아요. 60대 80대 모습으로 찍어주는 그런 사진들처럼, 지금의 얼굴 모습에 그냥 주름만 들어가는 건가."

트랜스젠더의 경우, 나이듦이 가져오는 몸의 변화는 직접적으로 의료 조치와 연결되어 있다. 그래서 호르몬 투여만 하고 외과수술을 하지 않은 경우나, 호르몬 투여도 수술도 하지 않은 경우나 마찬가지로 늙은 트랜스인의 몸은 외부 의료인과의 소통에서 어려움을 겪을 확률이 높다. 의료 조치를 하지 않은 트랜스인이 그의 해부학적 몸과 다른 젠더 표현을 한다면, 의료인이나 돌봄자는 '노망났다'거나, '늙은이가 주책이다'라는 식으로 반응하지 않을까. 그래서 그는 외국 다큐멘터리를 볼 때도 나이 든 트랜스들이 나오면 굉장히 반갑다. 그러면서 '그냥 이렇게 늙을 수 있구나'라는 느낌이 천천히 스미는 게 필요하다는 생각도 한다. 그런데 외국 다큐멘터리에 모습을 드러내는 트랜스젠더들은 대체로 의료적 개입을 한 사람들이다. 호르몬만 투여하는 경우는 사실 별로 없기 때문이다.

루인이 시조새가 된 연유는

한국 사회에서 트랜스젠더 인권운동은 1996년 조직된 트랜스젠더&크로스드레서 모임 '아니마'에서 처음 시작되었지만, 2006년 발족한 '트랜스젠더 인권활동단체 지렁이'(이하 '지렁이')의 활동으로 더 많이 알려져 있다. 비록 2010년에 해산했지만 '지렁이'는 이후 트랜스젠더 인권운동 진영에서 계속 인용되고 호명되는 중요한 기원 중 하나다. '지렁이'에서 활동했던 이들이 지금도 계속 활동하면서 자기 활동의 기원으로 '지렁이'를 언급하기 때문이다. "역사로서 계속 이야기하다 보니까. 이렇게 추후적 언급이나 인용을 통해서 계속 생명이 유지돼요. 네, 흥미로운 현상인 거죠. 다들 '기억 속에서 놓치면 안 돼, 잊으면 안 돼, 그니까 소중히 간직해야 해' 이런 거죠." 이와 같은 기억하기의 수행성을 통해 '지렁이'의 존재나 그것으로의 귀속이 갖는 정치적 중요성은 지속해서 현재성을 확보하면서 상징적이면서도 물질적인 힘을 발휘한다.

'지렁이'가 발족한 2006년은 민주노동당을 중심으로 '성전환자 성별 변경 관련법 제정을 위한 공동연대'의 입법 운동이 시작한 해이기도 하다. 한국성적소수자문화인권센터의 활동가 캔디는 이 공동연대에서 상근자로 일하면서 '지렁이'와 함께한 사람이다. 당시에 법 제정을 위해 "성전환자

인권 실태조사"가 최초로 실시되기도 했다. 그리고 2008년에 나온 성적소수문화환경을 위한 미디어 단체 연분홍치마의 다큐멘터리 〈3×FTM〉이 트랜스젠더들의 인권을 본격적으로 다뤘다.[6] 이 다큐멘터리에 나왔던 세 주인공 모두가 '지렁이'의 멤버였다.

루인 역시 '지렁이'의 활동가였다. 운동을 시작한 지 얼마 안 된 20, 30대 초반 트랜스인들은 그를 '시조새'로 부르기도 한다. 그만큼 오래 활동했다는 의미를 담은 표현이다. 그보다 훨씬 더 나이가 많거나 더 오래 활동했던 사람들이 보기에는 웃음 돋는 이야기지만, 집중력이 떨어지고 체력도 딸리는 이 40대 초반의 나이가 사실 트랜스 운동 현장에선 '어정쩡하고 애매한' 나이이긴 하다. 어떻게 나이 들어야 하는가 라는 고민을 시작하면서, 오만에 빠지지 않아야 한다는 감각도 벼린다. 트랜스젠더에게 나이듦은 '자연스러운 과정'이라고 장담할 수 없는 일이다. 물론 비트랜스젠더도 질병이나 사고로 이른 죽음을 맞이하지만, 대체로 60대를 넘겨 산다. 기대수명이 늘어난 현재엔 80, 90대까지 사는 것도 꽤 흔한 일이다. 그러나 시민으로서의 평범한, 그리고 평범함이 보장해줄 만큼의 안전한 삶을 부여받지 못한 트랜스젠더에게 죽음은 종종 나이듦보다 앞서 온다. 친구의, 동료의, 지인의 죽음은 트랜스젠더 커뮤니티에서 낯설지 않다. 세상은 그들의 존재를 그들의 죽음을 통해 비로소 알게 된다. 트랜스젠더로 산다는 것, 나아가 트랜스젠더로 운동한다는 것은 '다른 자기'인 다른 트랜스젠더의 죽음과 어떤 방식으로든 대면·대결해야 함을 의미한다. 트랜스젠더의 삶이 나이 드는 과정을 빼앗기는 건, 그들을 위한 의료 가이드라인이나 인프라가 없기 때문이기도 하고, 가족이나 가까운 사람들조차 그들의 정체성을 수용하지 않는 환경 때문이기도 하다. 역시 '지렁이'의 활동가였던 이승현은 트랜스젠더가 겪어내야 하는 사람들의 몰이해와 차별, 배척과 부정을 이렇게 기술한다.

> 이러한 일상이 오랜 기간 반복되면서 불편과 압박은 고스란히 몸 안에 쌓입니다. 마치 얼굴 위에 휴지를 한 장 한 장씩 올리고 물을 뿌리는 것처럼, 언젠가부터 일상 자체가 질식사할 것 같은 분노로 차기도 합니다. (…) 나의 꿈과 인생 설계는 내 '성별'을 찾아오기 전까지 미뤄지고 때로는 그 과정에서 지쳐서 아예 사라져버리기도 합니다.[7]

그가 누구든 자신의 성별을 찾아올 수 있도록, 그때까지 삶을 그만두지 않고 이어갈 수 있도록 서로 힘을 북돋우며 서로의 삶을 투쟁으로 지켜내는 일은 쉬운 일이 아니다. 그러나 서로에게 힘이 되고 있다는 신호를 보내고 받는 일을 멈출 수는 없다.

> "성소수자 실태조사를 보면 동성애자들보다 트랜스들이 부모의 폭력이나 가출이나 추방을 가장 많이 경험하게 돼요. 그 이유 중 하나가 호르몬 투여를 시작하면 외모가 변하니까, 어떻게든 들키게 되니까……. 그래서 자살률도 트랜스가 가장 높은 거죠. 추방이라는 건 실제로 집에서 쫓겨나는 것이기도 하고, 공동체에 더 이상 못 들어가게 되는 것이기도 해요. 어쨌든 떠나고 싶지 않았음에도 불구하고 떠나는 경험을 하는 거죠. 도대체 이 죽음의 애도를 어떻게 해야 하나, 고민을 계속하는데…… 2020년에는 모두가 알고 있는 그 세 분의 죽음[8]이 또 있었고……."

"오히려 애도는 상실로 인해 자신이 어쩌면 영원히 바뀔 수도 있음을 받아들일 때 일어난다"라고 주디스 버틀러는 말한다.[9] 가정이든 일터든 사회든 국가든, 공동체에서 추방당한 소수자들은 애도받을 권리를 박탈당한 사람들이다. 상투적인 '괴물' 이미지에 고착된 채 트랜스젠더라는 하나의 범주로 살아야 하는, 그래서 시간성을 빼앗긴 사람들이다. 그래서 "몇 가지 이미지로만 소비되는 존재인 트랜스젠더에게 죽음은 가능한가? 애도할 수 있는 개인 혹은 역사를 지닌 존재로서의 죽음이 트랜스젠더에게 가능한가?"라고 묻게 된다. 존재에게 시간성이 있다는 것은 "특정 이미지나 특정 순간의 모습으로 일평생이 판단되거나 박제되지 않고, 시간에 따라 변하면서 타자와 관계를 맺으며 살아가는 주체로 인식된다는 뜻"이기 때문이다.[10] 다른 트랜스젠더의 죽음을 애도하는 일은 그래서 더욱 어렵고, 또 더욱 절실한 모순 속에 빠져든다. 시간성이 탈각된 그 죽음의 장소를 피해 공동체 내부에 자리를 얻고 싶다는 욕망은 '패싱'을 원하게 만들고, 그래서 수술 후 패싱이 수월해지면 트랜스젠더 공동체를 떠나게 된다. 트랜스젠더 노년을 만나기 어려운 건, 심한 우울증 등으로 죽음을 선택하는 이들이 적지 않기 때문이기도 하지만, 끝까지 트랜스젠더로 자신을 정체화하면서 '늙어가는', 즉 "자신의 모든 역사를 책임"지는 트랜스젠더가 드문 까닭도 있다.

트랜스젠더는 '트랜스trans'라는 접두어가 강조하듯이 기존의 젠더 범주나 표상, 실천을 초과하는 무엇이다. 초과라는 말은 기존의 범주나 이론에 딱 맞아떨어지지 않는다는 뜻이다. 기존의 범주나 이론이 이 초과 부분을 매개로 그동안 드러나지 않았던 오류나 한계를 찾아내는 대신, 그것을 '비정상성'이나 '일탈'로 규정하고 교정을 통한 봉합을 강제할 때 폭력이 발생한다. 주류가 트랜스젠더의 범주화를 위해 동원하는 젠더 담론을 파열하기 위해서는 성기 중심적인 신체 규범으로 환원하지 않는 정체성과 욕망의 다양한 스펙트럼을 인정하는 데서 출발해야 한다. 트랜스 이론가이며 활동가인 샌디 스톤은 이를 위해 패싱을 포기하자고 제안한다.[11] 트랜스젠더의 몸에 기입된 새로운 조형성의 힘을 탈환하고, 그것의 차이를 재전유함으로써 새로운 정치적 행동을 시작하자는 것이다. "패싱을 포기하는 것, 의식적으로 '읽히는' 것, 스스로를 큰 소리로 읽는 것, 그리고 이 문제적이고 생산적인 읽기를 통해 자신이 쓰인 담론들에 스스로를 쓰기 시작할 것, 그럼으로써 사실상 포스트 트랜스젠더가 되는 것"은, 트랜스젠더가 자신의 모든 역사를 책임질 때 가능하다. 그래서 트랜스젠더의 나이듦은 발명되어야 할 정치적 의제다.

트랜스젠더의 나이듦과 노년의 발명

트랜스젠더는 언제 '태어나서' 어떤 생애 단계를 어떻게 구성할 수 있는가. 한국 사회에서 장애인들의 집 밖 외출이 본격적으로 가능해진 게 대략 2000년부터니, 사회 활동의 관점에서 볼 때 장애인 대다수는 이제 20대 초반의 인생을 사는 중이다.[12] 장애인의 경우를 유추해서 트랜스젠더의 인생 나이를 말할 수 있을까? 집 밖에서, 혹은 벽장 밖에서 '본격적으로' 인생을 사는 게 그들에게 아직 가능하지 않다면, 그래서 생물학적 나이와 아직 탄생을 기다리고 있는 사회적 나이 사이의 간극이 여전히 심하다면 트랜스젠더가 감각하거나 지각하는 나이듦이나 삶의 시간성은 어떻게 되는 것일까. 통상적으로 사회나 국가가 미래라는 시간을 이해하는 방식이 아이들의 탄생을 경유하는 것이기에, 퀴어에게는 미래가 없다는 말을 하기도 한다.[13] 퀴어운동 진영에서 주장하는 '가족구성권'은 트랜스젠더에게도 같은 무게와 의미를 갖는 것일까?

"사실 그 고민을 가장 많이 하거든요. 5, 6년 전 어떤 특강 자리에서 활동가 한 분이 여기 모인 분들에게 어떤 이야기를 해주고 싶냐고 물었을 때, 그때 어째서 그랬는지 모르겠지만 '30년 뒤에도 이 사람들을 만나보고 싶다'라고 답했어요. 30년 뒤 50, 60대가 된 사람들이 만나서 '우리 그때 그런 이상한 소리를 했었지', 이런 농담을 나누고 싶다고 말했거든요. '트랜스젠더의 노년 되기'라는 질문을 받았을 때, 한편으로는 그렇게 사람이 죽어나가는 현실과 다른 한편으로는 성전환 수술을 하고 나면 호적 정정을 하고 다들 사라지는 경향에 대해 생각하게 돼요. 비온뒤무지개재단 이사장으로 있는 승현이 좀 특별한 경우죠."

트랜스젠더의 노년 되기가 왜, 얼마나 어려운가에 관해 앞에서 이미 언급했지만 이 문제가 트랜스젠더 퀴어 공동체 내부의 사람들에게 얼마나 치명적인지 나는 좀 더 상세히 듣고 싶었다.

"성전환 수술 전까지는 여러 가지로 이 커뮤니티 안에 있는 것이 훨씬 더 안전한 지점들도 있는데, 수술과 호적 정정이 마무리되면 이제 본인이 원했던 삶을 살 수 있게 되고, 트랜스임을 밝히지 않아도 서사를 만들어낼 수 있기도 하니까 다들 많이 사라지죠. 많은 트랜스들이 김비 님을 중요한 모델로 늘 언급하곤 하는데 그 이유 중 하나가 바로 그거예요.[14] 사라지지 않고 계속 활동해주는 사람, 앞으로도 계속 활동해줄 수 있는 사람. 나이 들면 역할 모델도 별로 없잖아요. '노년이 되면 어떻게 살 것인가'라는 질문도 중요하지만 노년을 만들어내는 그 투쟁이 굉장히 중요하구나 하는 거죠. '정말 50대가 있을까 60대가 있을까'를 상상해내는 것, 이게 50대의 투쟁이구나. 그러니까 상상조차 투쟁해서 얻어내야 하는 거죠."

김비는 2020년 한겨레에 〈김비의 달려라, 오십호好〉 연재를 시작하면서 첫 번째 글에 "나에게 오십은 '트로피'였다"

라는 제목을 달았다. 연재 제목에 달린 '호'도, 첫 글에 달린 제목의 '트로피'도 호기심을 불러일으켰다. 그의 설명은 이렇다. "성 확정 수술을 받고 법적 성별도 바꾸었지만, 지금까지 '트랜스젠더'라는 이름조차 단 한 번도 내 것 같지 않았음을 밝힌다. 영 어색하고 부대꼈다. 그리하여 이제부터는 '남녀'가 같이 붙은 한자 '호㛬'를 새로운 나의 이름으로 쓰면 어떨까 생각한다." 나이 50이 될 때까지, 사회가 요구하는 모든 의료적·법적 조건을 다 충족하고 나서도 마음 편히 자기 것으로 주장하고 느낄 수 있는 성별 정체성이 없었다는 이 고백을 들으며 나는 아르코예술극장에서 보았던 〈물고기로 죽기〉 연극 공연을 떠올렸다.[15] 그때 공연장 전체를 베일처럼 감싸던 무수한 떨림과 묘한 열기, 서서히 차오르던 기쁨과 슬픔의 동시적 정동이 이 '부조화와 결여, 그리고 그것을 끝까지 견인해낸 격렬한 시간'에서 솟구쳐 오른 것이구나 생각하며 다시 한번 한 자 한 자 그의 글을 진심을 다해 읽었다. 오십이 트로피라는 것의 의미 또한 의미심장하다.

2020년 올해로 딱 오십이 되던 첫날, 나는 일어나자마자 신랑의 목덜미를 끌어안고 '우와 오십이다!' 두 손 번쩍 들어 외쳤다. 신랑은 나의 오십에 박수를 쳐주었다. 누군가에게 오십은 쓸쓸한 나이인지 모르지만 나에게 오십은 '트로피'였다. 대단한 걸 이뤄서가 아니다.

온전히 살아남은 것만으로도 '트로피'였다. 나는 단 한 번도 제대로 된 오십을 꿈꾸어본 적이 없었다. 마흔까지는 아등바등 살아지게 될까, '트랜스젠더의 늙은 몸'이 어떤 것일지 도무지 가늠할 수 없었고, 알 수 없으니 두려운 것일 뿐이었다. 혼자든 누군가 곁에 있든 고립되거나 자학하지 않고 오십을 맞이할 수 있을까, 나는 도무지 확신이 서지 않았다. 겨우 오십 나이에 이런 이야기를 하는 이유는 육십이나 칠십에 지금의 나를 온전히 지키고 있을지 자신이 없기 때문이다. 애초부터 그리 건강한 몸이 아니었고, 힘든 수술을 겪은 만큼 최선을 다해 나 스스로를 귀하게 여기며 지냈다고 믿었는데 그것만으론 부족했음을 최근에야 알게 되었다. (…)

휘어진 내 삶을 가만히 만져본다. 매끄럽지 않고 이유를 알 수 없는 돌기로 가득한 모서리를 손바닥 살에 문질러본다. 날카로운 통증에 비명 지르지 않고 조용히 그 통증을 생각한다. 나를 아프게 했던 것들을 생각한다. 이름 없는 것들을 생각한다. 빼앗겼거나 지워졌거나, 모호하고 흐릿한 이름을 지닌 모두를 생각한다. 버티고 살아남은 그 안간힘을 위해 소리 없는 찬사를 마음속에 되뇌어본다, 기록한다.[16]

50세는 현재 한국 사회에서 살고 있는 절대 다수에겐 결코 늙음과 연결할 수 없는 나이다. 단 한 번도 제대로 된 오십을 꿈꾸어본 적이 없던 그가 50이 되었다. 그리고 결혼까지 한 그가 계속 트랜스젠더로, 아니 호[ऻ]로 남아서 '빼앗겼거나 지워졌거나, 모호하고 흐릿한 이름을 지닌 모두'의 삶과 죽음을 계속 애도하고 기록하겠노라고 약속한다. 그와 함께 '노년의 발명'에 단단하게 빛나는 돌 하나가 놓인다.

노년의 발명에 자기 몫을 해내고 싶은 루인 역시 '약속'을 계속 지켜나가려 한다.

> "사람들에게 30년 뒤에 만나자고 했는데 '그 약속을 못 지키면 어쩌지'라는 두려움과 '그래서 노년은 어떻게 만들어야 하지'라는 고민이 늘 같이 들어요. 지금 운동하고 있는 트랜스들 중에서는 나이가 가장 많은 축인 세대가 되다 보니…… 요즘 활동하는 친구들은 보통 20, 30대들이고, 특히나 2000년대 중반에 트위터를 중심으로 형성되어 지금 단체를 만든 활동가들이 이 30대들이다 보니, 아마 저만이 아니라 '지렁이'에서 활동했고 지금도 계속 활동하고 있는 이들이 비슷한 고민을 할 텐데요, 살아 있다는 것만이라도 일단 보여줘야 한다는……. 예전에 신촌공원 프로젝트가 있었잖아요. 그때 잊을 수 없는 많은 이야기가 있었는데, 그중에 20대에도 탈반 안 하고 이반일 수 있느

트랜스젠더의 나이듦은
발명되어야 할 정치적 의제다.

냐는 질문이 있었어요. 그래서 그때 센터가 했던 중요한 기획이 '육색찬란'이었잖아요.[17] 10대에서 60대까지 다 만나서 이야기 나누는 자리를 가지자고. 그래서 나이 들어서도 살아 있다, 살 수 있다, 알리고 싶었던 거예요. 지금도 마스크든 백팩에 단 배지든 퀴어임을 알리는 걸 뭐 하나라도 달고 다니는 건, 내가 누군가에게 저런 모양으로 나이 들고 싶다는 롤모델은 못 되더라도 '나이 든 사람도 저렇게 살 수 있구나'를 보여주고 싶은 그런 간절함이 있기 때문이에요. 특히나 2020년에 여럿을 떠나보내고 난 다음부터는 더 간절해져서 무조건 하나는 붙이고 다녀요. '지금 힘들어도 살면 버틸 수 있다'는 걸 보여주는 게 너무나 중요한 과제가 되어버렸어요. 사실은 걱정이 되게 많아요."

깬 젊은 퀴어 대 '꼰대' 퀴어?

루인의 '되게 많은' 걱정 중에는 잘못된 '세대 나누기'로 혹여 트랜스젠더 운동의 역사에 삭제가 발생할 수도 있다는 염려가 있다. 트랜스젠더의 삶에서 종종 탈각되곤 하는 '경험의 시간'을 두고 볼 때 이 염려는 타당하며, '세대 차이'라는 의제는 매우 조심스럽게 접근해야 한다. 40대 초반에 벌써 시조새 위치에 있게 된 그로서는, 활동 기간이 오래될수록 20, 30대 앞에서 자기 경험을 말하는 게 어려운 과제처럼 느껴진다.

"사실 그게 제일 무서운 것 같기도 해요. 마치 내가 하는 이야기가 '내가 그렇게 살아봐서 아는데'라거나 '그때는 이랬는데 지금은 이렇다'는 식으로 읽힐 여지가 생기면 어떻게 하지? 그렇게 의도하지 않아도 그렇게 이해될 여지가 생길 때 그럼 어떤 말하기를 해야 하지?

그래서 갈수록 더 조심하게 되고, 말을 좀 더 아끼게 되고, 어떻게 말해야 할지 고민하죠. 세대 간 소통을 생각하려니 〈불온한 당신〉이 제일 먼저 떠올랐어요. 퀴어 하면 보통 젊은 세대를 보여주는데, 그 다큐멘터리는 '이묵 선배'라고 하는, 1970년대에 '바지씨'로 여운회(여자 운전자 모임) 활동을 하셨던 분의 이야기를 다루고 있잖아요.[18] 그분이 전설이라는 의미에서가 아니라, 그러니까 '여운회 때 활동했던 어떤 전설을 보여준다'라는 의미에서가 아니라, 오히려 퀴어를 세대로 나누는 이분법에 대한 문제 제기로 그를 보여준 게 아닌가 하는 생각을 했어요. 마치 젊은 퀴어 세대와 나이 든 꼰대라는 이분법에 대한 문제 제기처럼 보여서 감독님한테 말했더니, 그런 의도도 있었다고 하시더라고요. 마치 깬 사람이나 퀴어는 어린 세대나 젊은 세대이고, 나이 든 사람들은 그렇지 않은 것처럼 재현하는 것에 반해, 이묵 선배 같은 경우는 훨씬 다른 이야기를 많이 들려주는 거죠. 그러면서 들었던 고민은 특히나 퀴어 의제와 관련해서 세대로 나누는 건 퀴어 역사를 삭제하려는 기획일 수 있다는 거예요. 오랫동안 혼자 퀴어로 살아왔던 이들의 이야기를 누락시키는 방식으로 말이에요. 이를테면 '1990년대 미국 문화가 들어오면서 한국에 퀴어가 생겼다'라는 막말처럼. 그건 내부의 차이들을 계속 삭제하기 위해서 마치 세대 차이인 것처럼 말하는 것 아닌가, 사실 세대 차이라는 말이 설명해주는 건 별로 없는데."

다큐멘터리 〈불온한 당신〉을 찍은 이영 감독은 영화를 찍게 된 가장 직접적인 동기가 '선배' 레즈비언을 만나고 싶은 갈망이었다고 말한다.

의지할 말은 소문뿐이었다. '선배' 레즈비언을 찾고 싶었다. 10대 레즈비언을 다룬 다큐멘터리 〈이반검열〉 (2005)을 찍고 있을 때였다. 아이들이 정말 궁금하다는 표정으로 이영 감독에게 물어왔다. "그런데 30대에도 레즈비언 할 수 있어요?" 그 천진한 질문이 이 감독

을 또 다른 질문으로 이끌었다. '내 선배들은 어떻게 살고 있을까.'[19]

10대들이 30대인 이영 감독에게 던진 질문("30대에도 레즈비언 할 수 있어요?")이 그의 내면에 숨어 있던 질문을 일깨웠다. "내 선배들은 어떻게 살고 있을까?" 영화의 주인공인 이묵 선배는 1945년생이다.

"제가 이러이러한 영화를 찍고 싶다고 말씀드렸더니 너무나 흔쾌히 응하셨어요. '성소수자 후배들이 당당하게 살아야 한다. 그렇게 사는 데 도움이 된다면 내 이야기를 들려주겠다'고 하시더라고요. 본인은 숨어서 사는 사람이 아니고, 나 자신으로 사는 사람이라고 말씀하시는데 그 말이 제 삶의 지침이 됐어요. 영화 만드는 내내 그 말에 많이 기댔죠."[20]

10대에겐 20년 뒤의 자기 모습이 또렷이 보이지 않았고, 30대에겐 또 30년 뒤의 자기 모습이 물음표였던 것이다. 오늘의 내 삶은 내일의 내 삶과 어떤 모습으로 만날까? 서로 몰라보는 건 아닐까? 지속적인 움직임이 만들어내는 이동의 역사로 삶을 이해할 때, 방향과 좌표의 설정은 움직임의 핵심이다. 참조할 수 있고, 신뢰와 희망으로 기댈 수 있는 집단은 하늘의 별자리 같은 것이다.

세대 차이의 강조가 내부의 차이를 지우(려)는 은폐된 혹은 오인된 의도일 수 있으며, 그로써 엄연히 역사를 함께 만들고 이어온, 그러나 여전히 해석되기를 기다리며 웅성거리고 있는 수많은 경험을 섣불리 역사 밖으로 내칠 수 있다는 루인의 의문과 염려는 정치적으로 소중하다. 루인은 이와 관련해 모니카 트로트가 만든 다큐멘터리 〈젠더레이션 Genderation〉을 언급했다. 모니카 트로트는 1999년 〈젠더 너츠Gendernauts〉에서 샌프란시스코의 트랜스젠더 운동 공동체를 소개했는데, 20여 년이 지난 후 영화 속 인물들을 다시 찾아간다. 2021년에 상영된 〈젠더레이션〉은 이 재회의 결과다. 〈젠더레이션〉에서 20년의 세월만큼 '늙은' 트랜스젠더 이론가 수전 스트라이커는 "이렇게 나이가 들면 관절이 쑤셔서 원하는 대로 안 움직인다"고 말한다. 당연히 그는 20년 전의 그와 동일하지same/identical 않다. 그러나 트랜스젠더로서 그가 보여주는 자기다움selfhood은 여전하다. 현상학적 관점과 실존주의적 윤리관을 함께 사유하고자 한 폴 리쾨르에 따르면 변화 속에서도 지켜지는 자기다움은 약속을 계속 지켜나가(려)는 애씀 덕분이다. 방식은 달라졌지만, 투쟁을 잇는 이들의 에너지는 변함이 없다. 몸의 상태나 고민이 바뀌면서 한 개인의 삶의 방향이 변화하지만, 그 변화를 단절이나 혹은 대립·퇴행·보수화 등으로 단순화하지 않는 관점이 필요하다. 루인은 다시 한번 "한국에서도 이런 다큐멘터리가 만들어지면 정말 좋겠다는 간절한 바람"을 간절하게 말했다.

고민하지 말고 생존해주세요

만약에 내가 나이 들어 치매에 걸리게 되면, 내 정체화 과정은 어떻게 될까? 늙음을 상상하면서 루인은 이런 고민을 하게 되었단다. 혹시라도 트랜스젠더로 치열하게 살아온 생의 기억이 다 사라지면서 정체화하기 이전의 '일반'으로 돌아가게 되면 어떻게 하지? 그렇다면 나는 어떤 삶을 살았다고 할 수 있는 거지?

그의 고민에 딱 맞는 해결책은 아니어도 꽤 수용할 만한 답변 하나를 나는 수전 팔루디의 《다크룸》에서 찾았다.

> 치매는 자아의 해체이자 정체성의 사망이라고들 했다. 그해 겨울, 치매가 아버지의 삶을 잠식하는 것을 보면서 나는 그 반대가 아닐까 생각했다. 그녀가 겪은 모든 것, 그녀가 경험하고, 고통받았고, 도망치려고 했던 모든 것이 습격해 왔다. (…) 아버지의 정신은 나에게 캐슬힐 아래에 놓여 있는 석회암처럼 느껴졌다. 그것들

은 저 아래로부터 도려내져 땅 위로 솟아올랐다. (…) 만약 정체성이란 것이 당신이 벗어날 수 없는 어떤 것이라면, 아버지의 치매는 그녀에게 그 정체성을 농축된 형태로 선보였고, 수색대처럼 가차 없었다.[21]

저자 팔루디의 아버지는 70대에 성별적합 수술을 받고 '여자'가 되었다. 그의 정체성은 홀로코스트 생존자라는 가닥 외에도 여러 다양한 가닥들로 얽혀 있다. 헝가리인/미국인, 유대인/비유대인, 이민자, 트랜스젠더, 초남성성이라 부를 수 있는 남성성을 구현하며 소위 이상적인 가정을 향한 강렬한 욕망을 가졌던 남자 등등. 팔루디에 따르면, 아버지가 치매에 걸렸을 때 이 정체성의 가닥들은 사라지는 게 아니라 농축된 형태로 계속 솟구쳐 올라왔다. 사라지는 게 나을지, 고통과 갈등, 분쟁의 생성 과정이기도 했던 모든 정체화의 마디를 다 다시 맛보는 게 나을지, 알 수 없다. 하나는 분명하다. 치매 증상은 사람마다 다르다. 어떤 증상이든 그것 또한 새로운 정체화의 한 마디다. 신경 다양성 관점에서 치매 걸린 사람의 삶을 이해하자는 목소리도 인정을 기다리고 있다. 루인, 아무튼 치매가 걱정되는 호호 노인이 될 때까지 늙어보자구요.

늙은 사람 '되기'에는
준거집단이 필요하다

생애구술사 작가 · 소설가

최현숙

자기만의 늙는 길을 찾아서

최현숙은 2008년부터 돌봄과 돌봄운동을 했고, 그때 만난 '장기요양 등급을 받은 노인들과 독거노인들'이 풀어놓는 살아온 내력을 생애구술사로 기록하면서 글쓰기를 시작했다. 처음에는 이들의 삶을 사회적 기록으로 남겨야 한다는 생각으로 시작한 글쓰기였지만, 세 번째 책인 《할배의 탄생》이 주목받으면서 '작가'의 정체성을 갖게 되었다. 그는 이제 꽤 알려진 사람이다. 최현숙이라는 이름은 생애구술사 기록 분야에서뿐 아니라 다른 여러 영역에서도 필요하고 유용한 참조인 내지는 협력자 명단에 올려져 있다. 나는 그가 처음으로 생애구술사 기록 원고를 완성했을 때부터[1] 지금까지 그의 행보에 동행해왔고, 또 나의 첫 노년 연구 책을 위해 밀도 있는 인터뷰를 하기도 했다.[2] 이것은 거의 동년배인 그와 내가 적든 많든 서로 영향을 주고받으면서, 서로를 참조하면서 같이 나이 들어왔다는 의미이다. 그러니 이렇게 그를 탐구하고 싶은 욕구를 다시 한번 느낀 것 또한 나의 늙어감과 상관이 있다. 이전 인터뷰에서 드러난 '추구하는 사람' 최현숙의 삶·죽음을 대하는 태도와 일상의 실천이 여전하면서도 달라졌고, 이것은 늙기의 여정과 매우 밀접하게 연결되어 있기 때문이다.

나이 드는 과정은 노년 '되기'의 과정이다. 다른 생애 단계와 마찬가지로 노년기도 사회문화적 규범과 해석의 틀에 구속된다. 이 규범과 해석 틀은 안내 표지판이기도 하지만, 참을 수 없는 상투성과 제약으로 당사자를 옥죄기도 한다. 게다가 지금의 노년기는 그 어느 때보다 권력 투쟁의 한가운데 있다. 너무나 길어진 생의 시간이 한편에 있고, 그 맞은편에는 나이가 점점 더 계급화되는 현상이 있다. 늙음 자체가 일종의 계층 하락을 의미할 정도로 몸에 새겨진 시간의 흔적은 혐오의 대상이 되는 중이다. 또한 길어진 노년기는 필연적으로 길어진 돌봄 의존으로 연결될 것이고, 이것은 "격렬한 투쟁과 갈등"으로 사회가 요동치게 만들 것이다.[3] 이 모든 것에 맞서서 '자기만의 늙는 길'을 완전히 새로 닦는 건 불가능하다. 그러나 길섶을 잘 살펴보면 다른 곳으로 방향을 튼 누군가의 발길이 나타나기도 한다. 아직 채 길이 되지 않았지만, 따라 가볼 만큼은 선명한 이 발걸음들은 흥미롭다. 길을 잃을 염려도 있지만 누군가 앞서 시도한 모험은 호기심과 용기를 북돋는다.

사람을 이해하는 방법에는 여러 가지가 있다. 하는 일이나 문화적 취향, 즐겨 먹는 음식 등등. 내게 중요한 힌트는 무엇보다도 그가 어떤 장소와 공간을 찾는가, 그리고 어떤 사람들과 집중적인 관계를 맺는가이다. 삶과 죽음을 대하는 최현숙의 태도와 일상의 실천이 여전하면서도 달라진 건 그가 찾는 장소가 달라졌기 때문이다. 그리고 이 새로운 장소에서 그는 새로운 사람들과 관계 맺고 활동하고 있다. 이 새로운 장소, 새로운 관계는 현재 늙는 중인 우리가 직면하고 있는, 앞으로 더욱 센 강도로 직면하게 될 투쟁과 갈등, 두려움과 불안, 불확실성에 대응하는 하나의 다른 길을 상상하게 돕는다. 지금은 늙어감의 다른 길을 상상하고 실제로 구현하는 모험이 절실히 필요한 때다. 다른 생애 단계에 비해 사회와 국가의 인정과 지지가 현저하게 줄어드는 노년기에 주어진 제약과 상투적 해석, 빈곤의 두려움과 돌봄 의존의 불안을 벗어나기 위해서는 다른 길을 향한 집단적 모험이 필요하다. 이 집단적 모험은 어느 때보다 실험적이고 급진적이어야 한다. 최현숙과 만나 질문과 답변을 주고받으며 나는 실험적이고 급진적인 다른 늙어감의 길을 더듬어나가고 싶었다. 상호 참조가 상호 힘 북돋우기가 되고, 이것이 주류를 벗어나, 주류에 틈을 내는 다른 길의 집단적 걷기가 될 것이라 믿으며.

《황 노인 실종사건》에 이르기까지

그는 2022년 첫 소설 《황 노인 실종사건》을 출간했다. 소설의 형식을 띠고 있지만 글 속 주인공 '미경'은 그 자신이다. 그의 구술 기록을 빼놓지 않고 읽어왔던 사람이라면 책에 등장하는 '여성 독거노인들'의 모습이나 '미경'의 모습이 꽤 익숙할 것이다. 특히 미경의 경우, 작가 자신의 자서전적 주요 내용과 속내가 집요할 정도로 낱낱이 파헤쳐지고 있다. (미경 스스로 밝히고 있듯이 강도 높은 '노출증'이다.) 일반적으로 소설을 읽는 독자는 등장인물이 겪어낸 사건이나 그로 인한 내면의 상처, 내밀한 감정의 파고 등을 들여다보는 관음증적 위치에 있기 마련이다. 초대받은 관음의 자리라고나 할까. 그러나 《황 노인 실종사건》은 저자 자신의 주저함 없는 노출 때문에 독자 쪽에서 오히려 약간 뒤로 물러서고 싶은 심정이 들 수 있다. 이렇게까지 파헤치는 이유는 뭘까. 말끔하게 닦이지 않는 얼룩, (이제는 열 수 있다 해도) 열지 않은 채 남겨두는 방 한두 개는 그저 암시만 해도 충분하지 않을까, 물을 수도 있다.

《황 노인 실종사건》의 서사는 두 개의 줄기로 전개된다. 황문자라는 한 빈곤 여성 독거노인의 '실종사건'을 계기로 현재 한국 사회에서 80대를 사는 빈곤 여성 독거노인의 생애사를 밝히는 하나의 줄기가 있는가 하면, 그들의 하루하루가 무사하도록 두루 챙기는, 어쩌면 그들이 일상에서 만날 수 있는 가장 '힘 있는 선생님'인 생활지원사 미경의 자기 삶 해석이라는 또 다른 줄기가 있다. 전자가 주요 줄기이고 후자가 부차적인 것으로 보이지만, 두 줄기는 말 그대로 서로 얽히고 꼬이며 하나의 굵고 긴 타래를 만든다. 미경은 여러 차례 진행한 인터뷰를 통해 황문자가 (스스로 인식했든 못했든) 자기 생의 해석자가 되도록 돕는다. 황문자의 생애사를 듣고 (재)배치하며 한 편의 서사로 엮는 과정은 청자요 편집자인 미경에게도 자기 삶의 어떤 마디들을 거듭 새로운 눈으로 들여다보고, 숨은 의미를 발견하고, 해명하게 돕는 과정이다. 물론 소설 속 미경의 해명 과정과 소설 밖 작가 최현숙의 해명 과정을 완전히 같다고 할 수는 없다. 그러나 《황 노인 실종사건》이라는 소설 형태의 글이 완성될 수 있었던 건, 그가 자기 삶의 혼돈이나 방황 등을 해명할 수 있었기 때문이다. 그는 40대에 비전향 장기수에 관한 소설 쓰기를 시도했다가 포기한 적이 있다.

> "아마 내게 욕망은 응축되어 있는데, 아직 내 삶도 해명이 안 된 상태에서 다른 사람의 삶을 또 내 관점에서 보려는 게 무리였던 거라고 생각해. 그때까지 나는 어린 시절의 혼돈이나 방황, 이런 것들을 꺼내 보지 않았으니까. 나 스스로에게도 전혀 해명이 안 된 상태였으니까."[4]

그러다가 2008년부터 노인복지 현장에서 요양보호사와 독거노인 생활지원사로 만난 노인들의 생애사를 사회적 기록으로 남기기 위해 시작한 글쓰기가 소설 쓰기로 이동했다.

"남의 인생을 계속 듣고, 그걸 내가 되돌아가서 해석하려 한다는 건 결국 내 인생을 계속 떠올리고 들여다보고 해부하는 거였지. 그래서 그걸 계속하다 보니까 결국 내 인생을 조금은 벗어난 객관적인 시점으로 보면서 내가 해명이 되어가는 거야. 나 자신이 해명되고 나니까 이제 구술생애사를 넘어서 소설이라는 방식으로도 뭔가를 써낼 수 있겠다 하는 생각이 맞물린 게 아마 62, 63세쯤이어서. (…) 애초에 소설가의 꿈이 있었기에 소설로 넘어가고 싶은 욕망이 있었고, 또 구술생애사 작업을 계속하다 보니 소위 르포나 팩트 중심의 이야기에 구멍을 내거나 틈을 내거나 살짝 비틀면 내가 다루고 싶은 의제를 더 잘 꺼낼 수 있겠다는 생각이 들기도 했고. (…) 그게 중요한 것 같아. 글 쓰는 사람으로서는. 자기 자신에 대한 해명이 완결되지는 않아도 좀 분명해지기 시작해야 소설을 쓸 수 있는 거."

인터뷰 도중 그는 여러 번 '해명'으로 돌아왔다. 물론 소설 쓰기에 관해 다른 견해를 갖는 사람도 많다. 끝까지 자기 해명이 안 되기 때문에, 거듭된 시도나 실패 등 해명의 과정이나 단계를 증언하기 위해서 글을 쓰는 사람도 많다. 그러나 그에게는 해명이 중요하다. 예를 들어 그가 '내 인생의 책'으로 꼽은 책들은 그의 자기 이해 내지는 자기 해명과 관련되거나, 소설 쓰기의 욕망과 관련된다.[5] 특히 이청준과 아니 에르노는 더 직접적이다.

> 이청준의 소설에 나오는 한과 고난과 기벽의 인물들을
> 읽으며 내 상처를 핥고 내 기벽에 너그러워지면서, 내
> 꼬라지와 짓거리들에 이름과 의미를 붙이기 시작했다.
> (⋯) 믿어지지 않지만 살아갈 핑계를 위해서는 안 믿을
> 도리가 없었던 그 이름과 의미들이 흩어지지 않고 내
> 안에 묻혀 있었고, 30여 년의 사회운동과 여성주의 활
> 동을 통해 나와 세상에 대한 반역의 언어로 되살아났
> 다. (⋯) 밥을 벌기 위해 만난 가난하고 늙은 사람들의
> 몸과 말을 만나며 반역의 언어는 관점과 질문으로 살
> 아날 수 있었고, 글과 소리가 되지 못한 그들의 흔해빠
> 지고 쓰잘 데 없다는 말, 말, 말을 끌어냈다. 그러니 내
> 게 구술생애사는 내 상처와 꼬라지와 짓거리들에서 실
> 마리가 이어진 타인의 상처와 꼬라지와 짓거리들의 실
> 타래들이자, 나와 세상에 대한 반역의 갈망이다.[6]

자신과 '족族'에 관한 글쓰기를 지속하기 위해서는 '잡
녀' 되기를 각오해야 한다. 칼로 자르고 후비며 살과
뼈를 발라내는 식의 냉혹한 글쓰기는 우선 족들과의
불화가 불가피하다. 사적이고 일상적인 장면과 내면

을 주시하며, 노출을 탐하면서 관음하다, 문득 자위
나 자해에 빠질 수도 있다는 면에서, 도착적이고 위태
롭다.[7]

이청준의 소설은 그가 스스로 이해할 수 없었던 자신의
기벽을 언어화하는 걸 도왔고, 아니 에르노의 소설은 가족
에 관한 글쓰기가 감내해야 하는 불화의 위험을 직시하며
뚫고 나가는 데 동행했다. 우리는 아니 에르노가《단순한
열정》에서 무릅쓴 자기 해부 내지는 해명의 지독함에 관해
서도 이야기를 나누었다. 자신의 가장 은폐된 지점까지, 너
무나 '쪽팔리는 모든 순간까지' 다 파헤치고 드러내는 그 독
함은 "물적 토대가 중요했던 시절을 한바탕 살아낸 사람의
그 어떤 몸체"에서 나온다. "몸체가 있고, 습관이 있고, 뿌
리가 있다." 아니 에르노의 글쓰기를 두고 최현숙이 한 이
말은 그 자신의 글쓰기에도 그대로 해당한다. '자신과 족族
에 관한 냉혹한 글쓰기'에는 '족들과의 불화가 불가피'하다
는 말이나, '노출'과 '관음'에 관한 말은 모두《황 노인 실종
사건》을 특징짓는 내용이자 태도를 가리킨다.

책에 쓰인 엄마와 아버지의 늙음과 죽음에 관한 기술,
둘을 포함한 가족관계와 그 변화들에 관한 관점의 차
이를 글로 쓰는 것으로 인해 미경과 남매들 사이에 불

화가 생겨났다. 그 차이가 시발이 되어 빈곤과 소수자들에 대한 관점과 태도로 여러 차례 부딪혔다. 엄마 사망후 3년 차, 미경은 모멸감을 느끼게 만든 갈등을 계기이자 핑계로 결국 남매들에게 단절을 선언했다. (…) 혈족과의 단절은 미경에게도 심리적 피가 흐르는 고통을 주었지만 소통 불가능한 불화와 묵과, 그들은 이해 불가능한 내 쪽의 모멸을 연장하며 관계를 지속하느니 단절을 택한 것이다. (…) 아팠지만, 삶이 단출해져서 좋다.[8]

불가피한 불화를 은폐하지 않을 경우, 그것은 단절의 감행으로 이어질 수도 있다. 이 단절에는 '소통 불가능한 불화와 묵과', 그에 따른 '모멸감'이 앞선다. 그 모든 것의 주요 원인인 '빈곤과 소수자들에 대한 관점과 태도'가 날카로운 경계선을 긋는다. 가족이 속한 세계와 그가 속한 세계를 명료하게 가르는 이 경계선은 그가 도달한 자기 해명의 명료함을 가리키기도 한다. "가난하고 늙은 사람들의 몸과 말을 만나서, 자신의 상처와 꼬라지와 짓거리들을 타인의 상처와 꼬라지와 짓거리들에 연결"해 세상에 대한 반역의 실타래를 함께 엮어나가는 과정이 생애구술사 과정이었다. 그리고 이 과정은 그가 홈리스행동의 아랫마을 홈리스야학 글쓰기반 교사가 되면서 한층 급진적으로 되었다. '홈리스'

에게 없는 건 단순히 적절한 물리적 거주지뿐 아니라 가정과 가정이 품고 있다고 상정한 가족과의 관계다. 어떻게든 가족을 꾸리고 일해서 자식은 자기보다 더 낫게 만들려는 욕망을 포기당한 사람들이다. 여기서 반역의 가능성이 엿보인다. 가족 중심주의가 상정한 '가정의 품'과 그 품 안에서 따스한 보호와 친밀성을 누리는 가족이란, 허울뿐인 명목에 머무를 확률이 높다. 심한 경우 폭력적 가족 드라마의 무대와 배역이기도 하다. 현실적으로 친밀한 관계들이 기존의 가족과는 다른 형태로 구성되는 비율 또한 높다. 이성애 결혼을 토대로 한 기존의 4인 가족은 더 이상 실재를 반영하지 못한다. 여전히 독점적으로 법의 지원을 받는 제도로서의 가정을 구속·유지하는 규범적 내용은 가부장제가 강제하는 여성의 재생산 돌봄 노동에 전적으로 기대고 있다. 이런 가정·가족에서 떨어져 나온 홈리스·주거 약자에게는 바로 그래서 명목상이 아닌 실질적인 상호 배려와 보호의 공동체를 구성할 가능성이 열려 있다. '얼마나 현실화할 수 있는가'와는 별도로 이 가능성은 주목받을 만하다. '상처와 꼬라지와 짓거리' 측면에서도 홈리스·주거 약자는 더는 협상의 여지가 없는 최전선의 몸체다. 최현숙은 이들에게로, 이들이 존재하는 곳으로 이끌려 갔다. "논리 이전의 원초적 욕망"이 만들어낸 이끌림이었다. 서울역 광장에서, 근처의 쪽방 마을에서, 아랫마을 홈리스야학에서 홈리스들을 만나고 알아가며, 글쓰기와 말쓰기로 함께 어울리고 활동하며 그는 젊은 날의 혼돈과 방황이 충분히 해명되었다고 느꼈다.

그곳엔 신바람이 있다

그는 떠나는 일에 특유의 기술을 가지고 있다. 이끌리는 곳이 있어 떠난다. 젊은 시절 그를 떠돌게 한 게 혼돈과 방황이었다면, 더는 방황하지 않는 지금 그를 떠나게 하는 것은 매번 그를 '꼴리게' 하는 현장이다. 가장 나이 들어 '꼴린' 홈리스 현장에서 그는 신바람이 난다. 이전에는 가족의 자원 덕분에 떠났던 이곳저곳의 해외여행 등이 꿀맛을 주었지만, 그건 인생에 그냥 없는 날들이라고 쳐도 아무 문제가 없다. 그냥 휴식일 뿐이다. 그러나 "엉망진창이고 울퉁불퉁한" 이 사람들과 노는 건 그를 정말로 신바람 나게 한다. 그 신바람이 어떤 식으로 나느냐, 물었다.

"궁금하고, 친해지고 싶고, 나한테 계속 퉁퉁대도 마음을 사고 싶고, 그래서 그 사람이랑 같이 웃고 싶어."

그는 홈리스들과 '연애'를 하고 있는 것이다! 어쩌면 이들이 그 누구보다 "엉망진창이고 울퉁불퉁"해서일 것이다. 그러니까 혼돈이나 방황의 시절이 그냥 해명된 게 아니다. 고강도의 에로스 에너지로 전환된 것이다. 그런데 어떻게?

"그건 아마 이런 거 아닐까. 내가 진보 정치와 여성주의를 하면서 세상이 정상이라고 보는 걸 근본적으로 의심했잖아. 그러니까 '액취증 있는 여자는 부끄러운 여자다'라는 것을 거부할 수 있는 시선이 생겼던 거지. 그래서 더 아름다운, 더 예쁜, 더 깨끗한, 이런 기준들을 거부할 수 있는 어떤 쐐기를 갖게 된 거지. 난 쐐기가 참 중요하다고 생각해. 여기서부터는 내가 너 안 믿겠다, 여기서부터는 뒤집어보겠다, 뒤집힐지 아닐지 모르겠지만 내가 최선을 다해서 뒤집겠다, 여길 내 버팀목으로 하겠다, 이거잖아? 그 쐐기를 만들 수 있었던 거지."

그의 쐐기는, 혹은 그가 쐐기를 박은 곳은 '마지막 마지노선'의 지점이다.

"나는 여기를 내 마지막 마지노선으로 해서 여기서 버티겠다, 이거지. 그 쐐기가 매번 성공하지는 않아. 무너져버릴 수도 있어. 아니면 또 밀리고 밀리다가 재빨리

이 쐐기를 뽑아 좀 더 뒤로 물러설 수도 있어. 그건 그 때그때 상황에 따라서 하되, 어쨌든 나는 쐐기의 위치 에서 쐐기의 자세로 있겠다는 거지. 마지노선 혹은 마 지막 배수의 진."

현재 그가 '놀고' 있는 홈리스 현장은 특히 진보정당 활 동을 통한 변혁이 당대엔 불가능할 것이라는 판단의 맥락 에서 가장 중요한 마지노선이다. 문자적 의미로도 이곳은 최후의 보루다. 죽음에 이를 때까지 머물며 지킬 곳이기 때 문이다. 이곳에서 이 즐거운 일 하기에도 시간과 에너지가 딸리니, 다른 곳에 가서 사람들 만나 허튼 짓거리를 하는 건 어리석은 일이다.

"한국 정치에서 진보 정당 활동을 통한 변혁은 내 생애 에선 불가능하다, 내지는 내 생애를 훨씬 넘어서도 상 당 기간 어렵다, 라고 생각할 땐데. 그러면 나는 죽음 에 이르기까지 어디에서 소신껏 살 것인가 묻는 거지. 그건 당연히 빈곤 바닥이지! 당연히 여기가 제일 바닥 이고, 여기에 쐐기가 있으니, 여기를 포함하지 않은 변 혁은 변혁이 아닌 거다. 그렇다고 할 때, 나는 어디서 뭘 할 거냐. 어쨌든 세상은 망해갈 거고, 그 중간에 나 도 망할 거야. 죽을 거야. 그렇다면 죽기까지 여기서,

가능하면 최대한 즐겁게 함께하자."

　이 '함께'의 가능성은 홈리스가 가족을 중심으로 하는 사회생활에서 완전히 밀려나서 회복 불가능한 상태에 처해 있다는 사실에서 나온다. '완전히 밀려남'과 '다시 시도되고 성공하는 회복' 사이에 개인적 차이가 있다고 해도, 이 '자리'로 계속 밀려드는 사람은 있을 것이다. 계속 누군가가 와서 채우게 되는 이 자리는 개인이 아닌 불평등한 사회경제적 구조의 문제다. 이 자리는 시스템이 붕괴한 지점이며, 나아가 시민사회나 공공복지가 처음부터 일정 시민을 경계 밖의 외부인, 비시민으로 설정하는 방식으로 구조화되었음을 폭로한다. 이 자리로 밀려난 사람들과 함께 이 구조의 문제를 가시화하는 것, 이들을 조직하는 것 역시 "가능하면 최대한 즐겁게 함께"의 내용이다.

　　"여전히 가족주의에 동의하고 그것에 연결되어 살아남으려고 하고, 거기서 밀려난 것에 상처받고 그래서 다시 회복하려는 욕망이 있는 한 가족주의를 어떻게 깨겠어. 근데 이 사람들은 완전히 밀려나서 회복 불가능해. 가족 말고 차라리 옆에 있는 노숙인이랑 친하게 지내보는 게 그래도 그 삶을, 오늘 하루의 삶을 잘 사는 유일한 방법인 거지. 그래서 그 위치성이 나는 또 하나의 가능성이라고 보는 거야. 여기를 무엇으로 보고, 어느 쪽으로 밀려고 하느냐라는 관점에서 여기에 주목하는 거지. 그걸(조직하기를) 포기할 수 없지. 크게 희망을 걸지는 않지만 그래도 그렇게 해서 만난 사람 중에 아랫마을로 연결된 사람들이 소중하지. 아랫마을이라는, 어쨌든 울퉁불퉁하고 여전히 문제와 차이가 많은 공동체지만, 여기에 와서 밥도 같이 해 먹고 배우기도 하고 집회도 나가고 싸움도 하고 서로 돌보기도 하는 이 공동체에 들어온 사람들이 소중한 거지. (…) 이들은 밑바닥으로 밀려났기 때문에, 여기 말고는 연결될 만한 다른 곳이 별로 없는 거야. 이들이 노숙하다가 활동가를 만나 연결돼서 복지 서비스와 연결됐고, 그 연결된 김에 뭐 고마워서든 아니면 편해서든 이리로 오게 된 거니까. 그리고 와서 같이 먹고 공부하고. 혹은 어떤 문제가 생겼을 때 어떻게든 해주려고 노력하거든, 여기서는. 그게 활동가든 교사든 아니면 당사자들끼리든 어떻게든 해주려고 해."

시민사회가 포기한, 아니 처음부터 외부로 범주화한 홈리스들이 아랫마을에 합류해서 활동가들, 당사자 활동가들과 이룬 돌봄 공동체는 시민사회에 부여된 최선의 공동체라는 위상의 모순과 허구성을 비판적으로 드러내며, '사회적인 것'을 토대에서부터 새롭게 고민하게 만든다. 신뢰에 토대를 둔 협력과 연대의 관계가 아니라면 사회를 사회이게 만드는 것은 무엇이란 말인가. 사회적인 것의 재사유를 급진적으로 일궈내지 않으면 이 사회는 언제나 저 '자리'를 필수적 외부로 전제할 것이다. 서울역 광장이나 쪽방 마을, 아랫마을 등 홈리스 현장에서 마주치는 돌봄은 물질적으로나 상징적으로나 '난잡한 돌봄'을 구현한다.[9] 전 지구적으로 불확실성과 불안, 위험은 끊임없이 경계를 만들고, 누군가를 '우리'와는 다른 '그들'로 지목해 이 경계 밖으로 밀쳐낸다. 이미 존재하는 무수한 경계들 외에도, 돌봄의 자격을 두고 가속화하는 편 가르기도 있다. '난잡한 돌봄'이야말로 위기로 점철된 현재의 시대적 요청이고, 강도 높은 급진성으로 밀어붙여야 할 실천이다. 이것은 현재 기준에서 볼 때 실험적이고 확장적인 방식으로 수행되는, 차별을 용납하지 않는 돌봄이다. 어떻게든 연고 없는 홈리스의 안전 '망'이 형성되게 마음 쓰는 아랫마을에서 이런 확장적 돌봄을 감지할 수 있다. 사회에서 들리는 홈리스 관련 소문은 모두 삶의 막다른 골목과 최악의 불행, 그리고 폭력의 난무와 일탈로 지지직거리지만, 정작 홈리스 사이에는 서로의 경계를 지우며 '이웃 간의 돌봄'이라 불러 마땅한 실천이 있다.

"그런 측면이 상당히 있다는 거지. 물론 폭력과 무질서와 무책임, 이런 것들이 있어. 이런 것들이 있어서, 저들이 계속 비난하는데, 너네 보기에 책임 있고 성실하고 규범 있는 그런 거는 이 사회에서는 안 통한다는 거지. 여기는 일관된 규범이나 질서 같은 건 없지만, 그래도 이 안에서 사람들이 생존하고 있는 거야. 재난 상황이지만 조건 없는 호혜와 돌봄도 공존한다는 거지. 상당히 그래. (…) 원래 호적도 없는 양반이었는데 우리 활동가들이 호적을 살린 남자가 있어. 1961년생인가 그렇더라고. 근데 그 양반이 처음에는 호적 살리고 뭐 이러자고 해도 자기는 관심 없다, 이러더니 나중에 재난지원금 때문에 결국 호적도 살리고 재난지원금도 받고, 국민기초수급자도 됐어. 그러면서 우리 홈리스행동에 계속 후원도 해. 한 달에 5만 원씩. 이분은 광장에서 제일 아픈 사람이나 못 움직이는 사람, 두 다리를 다 못 쓰거나 못 움직이는 사람, 꼼짝 못하는 사람, 아니면 제일 왕따나 따돌림 당하는 사람을 자기 옆에 데리고 있으면서 챙겨 먹이고 돌봐. 코로나가 한창일 때는 코로나 걸린 사람을 옆에다 데려다놓고 있다가 본인까지 코로나에 걸려서 한번 된통 아프고……. 그러더니 이제 이 양반이 주민등록증 살리고 재난지원금 받고 임시 주거 지원 요청을 해서 방에 들어가는 과정에서, 내가 보기에는 체제내화되고 있어. 혁명성이 없어지는

거지⋯⋯. 예를 들면 계속 그 서울역 광장을 쓸어, 청
소를 해. 그래서 '왜 이걸 선생님이 하시냐, 여기 청소
부들도 있는데' 하니까 너무 고마워서 한다는 거야. 여
기만 쓰는 게 아니라 청량리에 있는 '밥퍼' 이런 곳까지
가서 쓴다고. 너무 감사해서 내가 하는 거라면서."

질서와 무질서 사이에서 금을 지우다가 또 금을 긋고 그
금을 이동시키기도 하는 이런 돌봄의 사례는 홈리스 삶의
출발 지점인 그 '없음less'의 상태가 협상과 조율의 상태임을
드러낸다.

광장에는 시간이 다르게 흐른다

나이듦의 의식은 시간의 의식이다. 태어난 순간에서부터
죽음을 맞이하는 순간까지의 '사이'는 공간이나 장소보다
는 시간의 문제로 지각된다. 지금 이 자리에서 과거에 살아
낸 삶과 어떻게 다시 마주할 것인가. 미래에 내 삶은 어떤
형태로 전개될 것인가. 개인 차원에서건 사회나 역사의 차
원에서건 매 순간 한 발 한 발 앞으로 나아갈 때마다 발전의
성과 또한 차곡차곡 축적될 것이라는 관점으로 시간을 이
해하는 것은 전형적인 자본주의적 유산계급의 시간관이다.

쌓이는 건 측량 가능한 자산이고, 이것이 의미 있는 나이듦의 징표가 된다. 홈리스들은 이런 시간관과 무관한 일상을 산다. 미래의 전망이나 감각 없이 산다. 나이듦에 관한 계획이나 상상력도 없이 '지금 여기'의 삶을 산다. 그렇다고 그들이 하루하루 살아내는 '지금 여기'의 삶이 심리적·물리적 지향성의 감각 없이 그냥 단순하게 반복되는 건 아니다. 2022년 서울역 광장에서 홈리스 추모제 기간 동안 전시되었던 홈리스들의 심리적 지도는 개별성과 지향성, 움직임과 감정의 색을 명백히 보여주었다.

"'지금 여기'가 제일 중요해. '몇 살까지 살까'라든지 '오래 살고 싶다' 이런 게 없어. 그런 생각 안 하는 경우가 상당히 많아. 몇 살까지 살까, 이런 건 미래에 내가 뭐가 되고 싶다는 욕망과 연결된 건데 그게 없는 거지. 다 없다고 할 수는 없고, 없는 사람들이 상당히 많은 거지. 일단 오늘 하루 필요한 여러 가지들을 구해서 살면 돼. 그러느라고 바빠. 무료 급식소를 찾아다니고 그다음에 잠자리를 찾아다니고, 이러는 것만으로도 바빠. 터줏대감으로 자리 잡은 사람들의 경우에는 그 근처에 있으면서 급식소에 가는 일이나 교회들이 광장에 와서 뭔가를 나눠주는 일들을 놓치지 않아야 하고. 그래서 덩어리로 봤을 때 광장은 굉장히 시간이 느리게 흘러가는 것 같아.

　'노숙인들의 광장'만을 봤을 때는 똑같은 일이 반복되고, 오늘 가나 내일 가나 비슷비슷해. 그러니까 시간이 굉장히 느리게 흘러가는 듯 보여. 그런데 개개인들은 그 안에서 그렇게 느리냐면 그렇지 않은 거지. 식욕을 채워야 하고, 최소한의 잠자리를 찾아야 하고, 뭐 주는 것들을 챙겨서 받아야 하고, 이러느라고 바쁜 거야. 그런 당장의 욕망을 넘어서라고 한다면, 그건 안 되는 거지. 미래에 대한 계획이 없으니까.

　어떤 할머니가, 그 양반이 아마 내 정도 또래일 거야. 외모는 나보다 많이 낡았는데, '분도 이웃집'이라고 천주교 쪽에서 운영하는 쉼터에 가자고 하면 '지금 말고'라고 말해. 지금은 가기 싫대. '그러면 내일 갈까요?' 물어보면, '내일은 몰라, 내일은 없어'라고 해. 이 양반 입에 붙은 말이 '내일은 없어' 그 말이야. 그러니까 내일 일은 묻지 말라는 거지. 나는 어쨌든 지금 가고 싶지 않으니까 안 간다는 거야. 그러고는 어느 날 '나 갈래' 이러면서 또 와."

이곳에서는 과거의 삶 역시 매번 상황에 따라, 즉 '유리한 편으로' 계속 재구성된다. 누가 물어보느냐에 따라서, 어떤 상황에서 어떤 필요인지에 따라서 호적도 이름도 생년

월일도 이전에 살았던 거주지도 다르게 구술된다. 기본적으로 실명이 없는 삶의 장소인 이곳에서 몸에 각인된 시간의 흔적 또한 사람마다 매우 다르다. "광장과 빈곤의 시간은 몸을 매우 다르게 통과"한다. '빨리 늙는다'라고만 말할 수 없는 몸, 다른 시간을 사는 사람의 몸이다. 그래서 최현숙은 서울역 광장에서 만나는 여성 홈리스를 모두 '언니'라고 부른다.

> "'언니'라는 단어가 페미니스트 이런 거 빼고라도 서로 그냥 편하게, 나이 불문 친밀감을 준다고 사람들이 생각해. 그러니까 '우리끼리는' 나이가 몇 살 차이인지 모르지만 그냥 언니라고 부르자고 그래. 언니가 거기서 가장 통용되기 쉬운 말인 거지."

서로 언니라고 부를 때, 이것은 나이 차이가 가정하는 여러 다른 차이들과 그것이 또 자동으로 가정하는 여러 위계적 가치판단을 멈추겠다는 뜻이다. 서로 언니라고 부름으로써 실제로 그런 가치의 위계는 수행적으로 무효화될 수 있다. 허약하고 불연속적이어도 분명 의미 있는 무효화다.

"사람들이 늙고 죽는 일에 관해 어떤 불안감이나 두려움을 이야기할 때 나는 말하지. 뭘 두려워하냐. 그건 그냥 시간이 하는 일이다. 시간이 알아서 하게 놔두고 나는 내 인생을 살면 된다." 광장에서는 이런 태도로 시간과 관계 맺는 것이 일반적이다. 이런 태도가 광장에서의 삶에 어떤 긍정적 또는 부정적인 영향을 끼치는가를 일단 괄호 치고 본다면, 자본주의 문화가 내면화시킨 시간관에서 벗어나는 삶의 가능성을 적어도 확인할 수는 있다. 인식의 새 판 짜기가 가능할 수 있다.

입장을 배신하지 않고, 소신껏, 신바람 나서

늙은 여자에게는 특유의 껍질이 있다. 나는 이런 껍질을 지닌, 늙어감이 체화된 몸을 가진 여자에게 끌린다. 늙는 과정이 보이는 여자 말이다. 이런 여자를 만나면 호기심이 인다. 저 껍질이 어떤 이야기를 풀어낼 것인지 진심으로 궁금하다. 늙은, 늙어가는 사람의 저 울퉁불퉁한, 때론 눈에 잘 띄지 않을 정도로 미미한, 그러나 잘 살피면 확실히 드러나는 체화된 시간의 주름. 이 주름은 그 시간을 머금었던 장소로 우리를 데려가기 마련이다. 당신이 어느 곳으로 가는가. 그 움직임과 이동이 주름의 형질을 정한다. 50이 넘어, 60이 넘어 매우 낯선 곳, 새로운 장소로 몸을 이동시키는 건 쉽지 않다. 그곳이 늘 '예외'로, '임시적인 것'으로 여겨질 뿐 아니라 혐오의 정동으로 터질 듯 부풀어 있고, 실패의 모든 부정적 감각이 폭력적·악의적으로 투사되는 곳이라면 더욱 그렇다. 거의 불가능에 가깝다고 할 수 있다. 그러나 나이가 몇이 되었든, 내가 어디로 끌리는가. 최현숙의 말을 빌리자면 어디로 '꼴리는가', 이렇게 자기 자신에게 호기심을 갖고 유희적으로 그러나 진지하게 묻는 건 포기해선 안 되는 자기 돌봄이다. 몸이 '무거워지고' 심리가 '취약해지는' 나이일수록 이 촉수가 중요하다. 이끌리는 곳이 어디인지 촉을 제대로 세울 수 있을 때 자기 삶이 '해명될' 기회도 늘어날 것이다. 많은 경우 우리는 해명이 필요하다는 것조차 의식 못하고 산다. 끌려서 도착한 어떤 장소의 그 사람들이 내 삶에서 해명되기를 기다리고 있는 지점들을 일깨워줄 수 있다.

자기 해석이라고도, 자신이 저자가 혹은 편집인이 되어 쓰는 한 편의 생애 서사라고도 부를 수 있을 것이다. 이 글에서 나는 '해명'이라는 단어에 특별히 힘을 싣고 싶다. 해명은 해명되기를 기다리는 질문과 상응하기 때문이다. 최현숙의 해명 이야기를 들으며, 내 안에서 시간을 두고 곰삭히며, 나는 나 자신에게로 더 가까이 다가가고 있다. 내가 해명해야 할, 나의 살아온 내력의 질문이 뭔가를 계속 묻는다. 이런 방식으로 늙는 과정은 해명의 쐐기를 거쳐 해방의 과정이 될 수 있을 것이다. '늙은이'가 되면서 우리가 두려워하는 건 무엇보다 자기 자신을 배신하는 것 아닐까.

다시 한번 최현숙의 말을 들어보자.

"내 속의 어둠, 내 속의 냄새, 내 속의 상처. 이래서 내가 계속 이쪽으로 쫓아가는구나. 내가 무슨 사명감이 있는 사람인가, 아니면 정치적인 욕망이 있는 사람인가, 혁명가라는 레테르를 필요로 하는 사람인가, 물었지만 그거는 아니었거든. 그럼에도 나는 왜 여전히 이런 사회적인 의제들을 쫓아가는가. 희망이 없는데도. 희망 없다고 생각하는데도. 그럴 때 이제 확인된 게, 아 그래! 촉이 맞고 꼴리고 설레고 하는 그거 같아."

이 촉을 계속 잘 벼릴 때, 늘 곁에 두고 살 때 자기를 배신하는 일은 없을 것이다.

"내 소신대로, 내 길을 걸어온 사람으로서 일관성을 가지고 죽고 싶은 거지. 죽고 나서 평가받더라도, 여러 가지 나의 한계나 모순들이나 오류들은 그냥 솔직하게 평가되기를 바라지만, 소신을 지키지 못해서 인생을 망치는 것까지는 가지 않도록 내 삶을 관리해야지."

소신을 지킬 수 있으려면 촉이 가리키는 대로 주저 없이 현장을 옮겨야 한다. 꿀맛에 붙들리는 오류에 빠져서는 안 된다. 신바람이 날 수 있는데 꿀맛에서 머뭇거리면 참으로 난감하지 않은가. 그는 헤매던 젊은 시절에도 "나는 언젠가 좋은 사람이 될 거라는 믿음"을 포기할 수 없었단다. 그래서 한 번도 자살을 생각해본 적도 죽고 싶다고 생각해본 적도 없었단다. 이런 믿음과 해명, 소신이 생의 일관성을 만든다. 70이 되어, 80이 아니 90이 되어도 여전히 자신에게 품었던 믿음을 지켜내기 위해, 스스로 납득할 수 없었던 어둠의 국면을 계속 질문으로 직면하고 해명하며, 하나의 생을 소신껏 책임지는 늙은 사람을 떠올린다. 이런 늙어감의 태도, 괜찮다. 늙을수록 급진적으로 '되기', 이것이야말로 퀴어 여성 독거노인이 선택할 수 있는 가장 '신바람 나는' 늙기의 형태 아닐까. 참고로 말하자면 늙을수록 누구와 친하게 지내느냐가 중요하다. 친구 따라 강남 가는 경향은 나이들수록 강해진다. 노년기는 그만큼 친구랑 맺는 우정이 빛을 발하는 시기이고, 준거집단이 더욱 중요해지는 시기다. 그래서 참조하고 준거로 삼는 친구가 어디를 드나드는가는 우정의 서클 안에 있는 모든 이들에게도 중요하다. 나의 경우를 보자. 나는 최현숙을 경유해 홈리스 현장 주변에 접속되었다. 아직은 주변이지만 벌써 호기심은 탄력을 받고 있다. 나에게 조금씩 열리고 있는 이 새로운 장소와 새로운 사회운동, 다른 시간적 삶의 세계가 나를 어떻게 형성할지 두고 볼 일이다. 적어도 그것이 어떤 자원이 되었든 더 많은 축적으로 두려움을 막아보려는 생각은 하지 않을 것이며, 자본주의적 발전론과 진보론이 설정한 내일 '들'의 공허한 연속으로 미래를 상상하는 일 따위는 하지 않을 것이다. 이성애 규범과 가족중심주의를 토대로 구축된 여타의 규범들에 동의하지 않는다는 의미에서 퀴어이고, 싱글이며 여성주의자인 '노친네들'의 실험적이고 확장적인 다른 돌봄 관계의 삶이, 주류가 그어놓은 차별의 금을 경쾌하게 밟고 넘어가는 일탈의 삶이 더 많이 더 다양하게 출현할 것이다. 희망이고 짐작이고 경험적 판단이다.

나이가 몇이 되었든, 내가 어디로 끌리는가.
최현숙의 말을 빌리자면 어디로 '꼴리는가',
자기 자신에게 유희적으로, 또 진지하게 묻는 건
포기해선 안 되는 자기 돌봄이다.

에필로그

자존이 있는 노년, 꿈을 꾸는 노년

우연히 마주친 그 늙은 사람,
늙어가는 일에 모델이 되어준다

나이 드는 일은 좌충우돌과 자기 배신, 놀라움을 동반한 호
기심과 무력감 등 매우 다양한 상황들과 감정들의 스펙트
럼을 제공한다. '나는 안 그럴 줄 알았는데……'에 통쾌한
펀치가 날아드는 경험도 왕왕 있다. 예컨대 5년이 넘도록
자동적으로 누르던 현관문 번호, 어제 귀가할 때도 손가락
이 알아서 척척 눌러주던 번호가 오늘 갑자기 하얗게 사라
진다. 어제와 오늘 사이에 도대체 무슨 일이 생긴 거지? 어
제의 나와 오늘의 나 사이에 갑자기 뻥 뚫린 이 심연은 뭐
지? 이런 심연과의 마주침은 마음 근육이나 체력이 있을 땐

262

흥미로운 수수께끼지만, 우울감이 먹구름처럼 심장을 누를 땐 감당하기 힘든 좌절이다. 태어나서 죽을 때까지 멈추지 않는 적응과 성장 중에서도 늙어가는 일이야말로 절대적으로 적응과 성장을 요하는 일임을 나이가 들어가면서 자주, 아주 자주 깨닫는다.

'굼뜬' 노친네들?

'사람이 죽으라는 법은 없지.' 이 말은 나이듦의 적응과 성장에도 잘 들어맞는다. 신기하게도 살면서 우연히, 이곳저곳에서 스치듯 만났거나 흘끗 보았던 '선배 노년'들의 모습이 불쑥 나타나 내 나이듦의 학습 여정에 적절한 모델이 되어준다.

몇 개의 예를 들어보자. 노년에 대한 상투적인 이미지 중 하나가 '굼뜨다'인데, 이것은 노년의 몸에만 해당하는 게 아니라 노년의 정신에도 해당한다. '빨리빨리'가 최고 심급인 한국 사회에서 '느릿느릿'이나 '천천히'도 아니고 '굼뜨다'는 상당히 부정적인 의미를 띤다. 그런데, 실제로는 '날쌘' 노년들이 꽤 많다. 방송 프로그램 〈나는 자연인이다〉에 나오는 사람들을 말하는 게 아니다. 40대 중반에 친구와 계룡산으로 겨울 나들이를 간 적이 있다. 계룡산 동쪽 자락에 있는 동학사를 들러 서쪽에 있는 갑사로 넘어가는 여정이었다. 이틀 전 내린 눈이 강추위에 얼어붙어 동학사에서 갑사로 넘어가는 산길은 미끄럼틀 그 자체였다. 부랴부랴 값싼 아이젠을 사서 등산화에 걸고 엉거주춤 기다시피 내려가고 있는 우리 옆으로 어떤 할머니 한 분이 통통 튀듯이 날렵하게 지나갔다. 옆집에 마실 나온 것처럼 평범한 스웨터에 고무신 차림이었다! 고무신을 신고 미끄러운 눈 비탈을 가볍게 통통 뛰어 내려가는 할머니라니, 경이롭다 못해 신비로웠다. 유난히 몸이 무겁고 움직임이 굼뜨다고 느낄 때면 그때 그 할머니를 떠올린다. 부럽다거나 경쟁심이 생겨서가 아니라 기분 좋은 자부심이 생겨서다. 그렇다고 민첩함이나 날쌤을 추앙한다는 건 아니다. 민첩함이나 굼뜸을 연령과 엮어 은근히 연령 차별을 정당화하는 비논리가 부당해서다. (이 비논리를 가볍게 물리친 그때 그 할머니는 지금도 하늘 위에서 통통통 이곳저곳을 날아다니고 있지 않을까.)

몸이건 정신이건 굼뜬 건 부정적인 것도 아니고, 더구나 노년에게만 해당되는 것도 아니다. '느릿느릿'의 리듬을 용납하지 않는 속도-발전주의가 빼앗아 간 반성적 내면이나 자율, 정서, 특정한 일의 속성이 얼마나 많겠는가. 아픈 몸이나 늙은 몸, 장애가 있는 몸이 느리게 천천히, 자율과 의존의 감각을 적절하게 협상하면서 살 수 있는 문화적·물리적 환경이 우선해야 한다. 그래야 서로 다른 연령대가, 서로 다른 몸들이 공존할 수 있다. 물리적으로 현존하는 이 다른 몸들이 평등하게 서로 '몸' 정체성의 지각이 되어주는 사회가 민주주의 사회다. 노년의 몸이 특히 속도에 있어 제멋대로 조종되지 않는 특징을 나타낸다면 그 몸은 다른 생애 단계에 있는 이들에게도 적용 가능한 반성의 토대다. 노년은 다르게 체화되고 있는 몸 감각에 입각해, 파행으로 치달은 속도 발전주의 근대의 오류를 성찰하며 몸 움직임의 속도와 감각을 다시금, 천천히, 자연의 속도에 맞출 수 있는 기회를 얻는다. (자연의 속도도 이미 너무나 인위적으로 조정되어왔다.) 경쟁을 내재적 원칙으로 삼는 발전주의 시스템 안에서, 시간을 '달리는' 마라톤 주자들의 세계 속에서 노년의 느린 몸은 시간을 '되새김질하며' 시간을 '산다'. 우리는 지금 손가락 클릭 한 번이면 어마어마한 크기의 데이터나 구조물도 순식간에 사라지게 할 수 있는 디지털 생산-소멸의 시대를 살고 있다. 이 새로운 시대에 지배적인 클릭의 속도는 전자화된 감각·정동과 함께 특이한 가상현실을 가동한다. 그러나 체화된 의미, 데이터로 전환되지 않는 체화된 경험에는 말 그대로 몸이 필요하다. 그리고 몸들의 대면과 접촉은 느린 시간과 함께 느끼는 장소를 필요로 한다. 대면과 접촉을 금지하는 코로나19 재난 시기를 통과하며 우리가 통렬하게 깨닫는 것도 바로 이것이다. 하니 '디지털 시대정신'에 거스르는 몸들의 감각에 주목하자. 그러니 노친네들의 굼뜬 몸/정신이라고 부르지 말고, 노년들의 천천히 움직이는 몸/정신이라고 부르자. 그 차이에 자기반성적 호기심을 보내자.

외로운 노친네들?

다른 예를 하나 더 들어보자. 30대 초반, 토요일 아침마다 달리기를 하러 가던 운동장에서 마주치던 늙은 사람의 이야기다. 키 크고 마른 몸의 그는 비스듬히 기운 나무처럼 허리께와 어깨 부분이 살짝 옆으로 기울어 있었다. 나이가 꽤나 많아 보이는 그의 얼굴에는 뭐라 확정 지을 만한 표정이 없었지만 그렇다고 무표정한 것은 아니었다. 당시에는 그의 표정을 제대로 이해하지 못했지만 지금 돌이켜보면 묵묵히 늙어가는, 고독한 얼굴이 아니었나 싶다. '외로운' 얼굴이 아니라 '고독한' 얼굴 말이다. 회한도 없고 희망도 들이지 않는 얼굴. 매우 느리게 작은 보폭으로 천천히 앞을 향해 나아가는 그의 모습은 달리는 사람의 영상을 최저 속도로 재생하는 것처럼 보였다. 깊숙이 나이 든 몸에 시간과 공간을 적응시킨 결과이리라. 내가 도착했을 때면 그는 아무도 없는 트랙을 그렇게 슬로모션으로 달리고 있었고, 열 바퀴를 다 뛰고 헉헉대며 내가 운동장을 떠날 때도 그는 그 모습 그대로 움직이고 있었다. 그의 달리기, 아니 움직임은 언제 시작해서 언제 끝나는지? 아니, 끝나기는 하는지? 비스듬히 선 고목이 원을 그리며 천천히 움직이는 것 같던 그의 모습은 요즘 내 산책길의 동반자다. 나는 그의 고독과 함께 걷는다.

도움은 먼 과거에서 오는가 하면 몇 달 전이나 지난 주쯤 오기도 한다. 아버지가 글을 못 배우게 해서 아궁이에 불을 지필 때마다 재를 긁어모아 그 위에 부지깽이로 '가' 자나 '나' 자를 써보며 글자를 배운 소녀가 있다. 이 소녀는 67세에, 남편도 시어머니도 다 저 세상으로 떠나고 드디어 혼자가 되었을 때, 공책을 사서 일기를 쓰기 시작한다. 부지깽이로 배워 삐뚤빼뚤 미운 글씨가 일기를 쓰다보면 좀 예뻐질까 해서였다고 한다. 아흔일곱이 될 때까지 그는 30년 동안 계속 일기를 썼다. 《아흔일곱 번의 봄 여름 가을 겨울》의 저자 이옥남의 이야기다. 이 책은 새벽부터 밤중까지 진심으로 충실하게 삶을 사는 한 '늙은 여성'의 모습을 증언한다. 그의 일기 쓰기는 농사짓는 일과 생명 사랑을, 떨어져 사는 가족들에 대한 그리움과 마을 사람들과 맺는 관계를, 성찰의 내적 공간에서 이옥남이라는 한 개인의 자아 이야기로 합류시킨다. 농사지으면서 경험하는 자연에 대한 이야기가 세세하고 따뜻한 건 그가 관찰을 하고, 또 관찰한 것을 자아의 경험으로 의미화하기 때문이다. 일기 쓰기가 그에게 외

부와 날것의 즉자적 자기 사이에 내면이라는 공간을 열어
준 것이다.

아래 콩밭을 맸다. 그 콩밭을 매면서 콩잎을 바라보면서
그리도 귀엽게 생각이 든다. 그렇게 동그랗게 생긴 콩
이 어찌 그리도 고 속에서 동골라한 이파리가 납족하
고 또 고 속에서 속잎이 뾰족하게 나오고 디다볼수록
신기하게만 느껴진다. 그러니 뽑는 풀도 나한테는 고
맙게 생각이 든다. 왜냐하면 풀 아니면 내가 뭣을 벗을
삼고 이 햇볕에 나와 앉았겠나.
그저 풀을 벗을 삼고 옥수수도 가꾸고 콩도 가꾸고 모
든 깨고 콩이고 조이와 팥도 가꾼다. 그러면서도 뭣이
든지 키우기 위해 무성하게 잘 크는 풀을 뽑으니 내가
맘은 안 편하다. 그러나 안 하면 농사가 안 되니 할 수
없이 또 풀을 뽑고 짐을 맨다. 뽑아놓은 풀이 햇볕에 말
르는 것을 보면 나도 맘은 안 좋은 생각이 든다. 그래도
할 수 없이 또 짐을 매고 풀을 뽑으며 죄를 짓는다.[1]

오늘은 나 불보는 차례인데 비가 온다.
비가 오는데 뭔 불이 타랴, 일부러 싸놔도 안 타겠지.
그래도 맡은 책임이 있는데 집 안에 들어앉아 있을 수도
없고 책임대로 하느라 마을 회관에 갔다.

마을 회관에 갔더니 젊은 사람들한테 꾸지람만 들었다.
비 오는데 누가 불 싸놓는다냐고. 이런 날은 불 봐야
일당도 안 나와요 한다. 도로 내가 미안해서 부끄럽고
내가 왜 갔나 하는 생각이 들었다. 내가 책임 때문에 왔
지 무슨 일당 때문에 왔나. 왜 오나가나 핏퉁아리나 들으
면서 살아야 되나. 이내 집으로 내려오고 말았다.
날씨조차 속을 썩히네.
그런데 생각지도 않은 세빠또가 와가지고 딱 듣기도
싫은 말만 떠들다가 가고 이제 이 글을 쓴다.[2]

　앞의 글은 "디다볼수록 신기하게만", 뒤의 글은 "불보기"
라는 제목의 일기다. 앞의 일기는 한평생 밭을 일군 아흔일
곱 노인의 섬세하고 구체적이며 감각적인 자연 사랑과 교감
을 표현한다. 이토록 순연한 마음과 뛰어난 시적 교감, 그리
고 언어 표현이라니! 책 전체에서 마음을 건드리지 않는 일
기가 없지만, 이 일기가 전하는 순연한 마음과 통찰은 가슴
깊이 스민다. 뒤의 일기는 나이가 깊이 들어도 외부, 즉 타
자와의 관계와 이해관계, 인정투쟁이 변함없이 날카로울 정
도로 중요함을 일깨운다. 포기하지 않는 삶의 증언이다. 책
임을 다하려다 젊은 사람에게 오해를 받으니, 그것도 돈 욕심
으로 오해받으니 억울하기 짝이 없다. "불보기"는 억울한 심
정의 자초지종을 기록하고 있지만 주조음主調音을 이루는 것

은 최선을 다해 충실히 살고자 하는 그의 인생 태도다. 그가 하루하루 채워나간 공책의 일기에서 우리는 충실하게 '살고 있는' 그의 모습뿐만 아니라, 동시에 충실하게 '살고자 하는' 그의 모습도 본다. 이 점이 《아흔일곱 번의 봄 여름 가을 겨울》을 뛰어난 인생 성찰의 텍스트로 만든다. 늙어가는 나 같은 사람에게 기분 좋은 모델이 되어준다. 나이가 몇이 되었건 '진심으로 충실하게' 사는 삶, '진심으로 충실하게 살고자 하는' 의지를 포기하지 않는 삶은 노년의 여행길을 밝히는 소중한 반딧불이다.

늙은 사람의 삶, 좌절도 있고 유머도 있다

여러모로 배울 점이 아주 많은 책 《나이듦에 관하여》를 읽다 보면 거듭 확인하게 되는 인식론적 전환이 있다. 사람들의 편견이나 오해와는 달리 80, 90대 노년들이 일상에서 보이는 '무능'은 단순히 생물학적 이유만은 아니며, 오히려 이 세상이 청년기와 중년기를 중심으로 설계되어 있기 때문이라는 것이다. 그렇기에 자연스런 노화와 질병을 구분하는 일은 매우 어렵지만 결코 포기해서는 안 되는 일이다. 50대 후반에 접어들면서부터는 병원 가는 일이 심리적으로 모독이 되는 경우가 다반사다. 증상이나 병의 원인, 그리고 통증의 진행 과정 등에 대해 상세하게 의료-과학적으로 알려주지도 않을뿐더러, 돌보는 의료 차원에서의 상담이나 의논은 꿈도 꿀 수 없기 때문이다. 어디가 어떻게 안 좋든 간에, 어떤 진료과를 방문하든 간에 늘 듣는 말은 "노화인 거죠"이니, 이 요약 정리 버전에 반복적으로 노출되다 보면 자기 몸의 탐구에 대한 동기부여는커녕 무력감만 커진다. 사회문화와 의료계의 관행에 의해 강요되고 학습된 이 무력감은 종종 우울감으로 이어지고, 또 심한 경우에는 수치심을 낳기도 한다. 그런데 노화의 현실은 이와 다를 수 있다! 노인/임상의학과 의사로서 수십 년간 80, 90대 노년들을 의료적으로 돌봐 온 루이즈 애런슨이 《나이듦에 관하여》에서 방점을 찍는 것은 이 연령대에서 발휘되는 놀라운 '정신적 탄성'이다. 86세에 접어든 그의 어머니는 하루를 시작하기 위해 아침에 수행해야 하는 일련의 일들을 이렇게 소개한다.

> 아침에 할 일이 너무 많아. 일단 건조한 눈에 안약을 넣어야 하고, 아직 빈속일 때 갑상선약을 바로 챙겨 먹어야 해. 그래도 이것저것 하다 보면 한 시간이나 더 있어야 아침을 먹긴 하지만. 어쨌든 다음 차례는 그릇을 받치고 비강세정을 한바탕 하는 거야. 안 그러면 하루 종일 콧물이 흐르고 기침이 나거든. 얼굴에는 딸기코를 가리는 보정크림을 발라. 그뿐인가, 스트레칭

을 한참 해서 굳어 있는 관절 마디마디를 풀고 돌아가게 만들어야지. 그러고 나면 보청기를 찾아서 귀에 끼고 핀으로 머리에 고정해야 해. 잘못하면 보청기 선 때문에 안경을 뒤에 걸칠 수가 없더라고. 눈 뜨면 세수만 하고 하루를 시작했던 시절이 마치 꿈만 같구나.[3]

오해하지 말자. 이 말들은 투덜거림도 푸념도 무력감의 호소도 아니다. 이런저런 세상사에 논평을 달아가며 80대 후반의 일상을 충실히 살고 있는 한 노년 여성의 자기 돌봄 기록이다. "나는 지금 절전 모드를 유지하려고 노력하는 거야. 할 수 있는 데까지는 최대한 해보려고."[4] 이것이 그가 채택한 일상 유지 전략이다. 이 전략을 오로라처럼 감싸고 있는 유머의 빛이 사랑스럽지 않은가.

88세에 시력을 잃고 시각장애인의 삶을 새로 배운 독서광 클리프턴 파디먼의 사례도 놀라운 정신적 탄성으로 빛난다. 독서광이었던 그는 고령에, 불편한 몸에, 이제 시력까지 잃는다니 더 이상 살 의미가 없다고 판단했다. 그러나 딸 앤 파디먼은 6개월만 시간을 갖자고 애원했고, 시각장애인을 위한 프로그램에 다녀온 그의 첫 반응은 "살아생전 최고로 흥미로운 경험"이라는 고백이었다.[5] 아침에 눈을 뜰 때마다 이제는 볼 수 없다는 고통스런 현실에 직면하면서도 그는 생의 마지막 날까지 오디오북으로 책 읽기의 즐거움을 누렸다.

정신적 탄성은 고통스런 현실이 주는 슬픔이나 좌절, 분노에 면역이 되어서 가능한 게 아니다. 똑바로 직면하기에 가능한 것이다. 낙관과 비관 사이에서, 가능과 불가능 사이에서, 욕망과 포기 사이에서, 자립과 의존 사이에서, 자아와 타자 사이에서, 자존심과 수치심 사이에서 '흔들리기에' 가능한 것이다. 이 모든 균형 잡기에서 그때그때마다 적절한 감각으로 이끄는 힘은 물론 일시에 이뤄진 선택의 결과가 아니다. 살면서 그 끈을 놓지 않았던 삶과 죽음의 의미, 타자들과 시도했던 무수한 연결의 시도들이 바로 그 힘이다. 늙어서 갑자기 누리는 자기결정권 같은 건 없다. 늙는 일의 선행 학습은 '나 이제 정말이지 아주 늙어버렸네'라고 절감하는 그 순간까지 평생 진행되어온 것이다.

드라마 〈눈이 부시게〉는 아나운서 자질이 별로 없지만 자신을 애틋하게 여기는 청년 혜자와, 늙어 쭈그렁망태가 되었지만 자신을 애틋하게 여기는 치매 노년 혜자가 같은 사람임을 알려준다. 이 애틋함은 '네가 애틋해'라는 타자 지향의 간절함과 솔기 없이 이어져 있다. 나는 1년 여의 시간에 걸쳐 애틋함으로 이어져 있는 노년 세대와 비노년 세대의 이야기를 소개하면서, 이 이야기들이 지금 늙음을 느끼는 이들에게, 지금은 무감각하지만 언젠가는 늙음을 느낄 이들에게 희미하지만 효력 있는 선행 학습이 되길 희망했다. 이 책에 실린 글을 쓰는 시간은 평등하지 않은 코로나 재난을 목격하는 시간이기도 했다. 노인요양 시설에서 집단 감염의 희생자가 된 많은 노년들을 떠올린다. 격리 속에서 생을 마감했을지라도 그분들의 마지막 전언이 '충분히 좋았다'였기를 기원한다. 누군가와 애틋하게 연결되어 있었을 그분들의 이야기를 언젠가는 누군가 들려줄 것이다.

프롤로그

1 Mary Pipher, *Women Rowing North*, Bloomsbury Publishing Plc., 26[《나는 내 나이가 참 좋다》, 서메리 옮김, 티라미수더북, 2019, 45쪽].

2 도널드 홀, 《죽는 것보다 늙는 게 걱정인》, 조현욱·최희봉 옮김, 동아시아, 2020, 18~19쪽.

3 이 책에서는 이런 맥락을 고려해, '노년'을 기본 용어로 삼으면서 필요에 따라 노인, 노령자, 고령자 등의 용어를 사용한다.

1장

1 "서울 우리농 2018년 회원의 날 열어", 《가톨릭신문》 3125호, 2018. 12. 25. https://www.catholictimes.org/article/article_view.php?aid=302443.

2 소원을 쓴 종이로, 달집태우기 때 같이 태운다. 달집태우기는 정월대보름 밤 달이 떠오를 때 생솔가지나 짚, 솔잎 등을 쌓아올린 무더기에 불을 질러 태우며 노는 세시풍속이다.

3 "자식들이 하지 말라니까 해요, 하라고 하면 안 하지요." 지혜로우신 홍표 할머니의 말씀에 크게 웃지 않을 수 없었다.

2장

1 성북구와 서울시가 협력해 새로운 일자리 창출과 공공서비스 확충을 위해 투자한 이 사업은 2020년 주거복지문화운동본부가 주최, 행정안전부가 후원하는 '2020 주거복지문화대상'에서 기관 부문 종합 대상을 수상했다. 이 사업은 노년과 청년의 세대 통합 사례로도 주목받았다. http://www.seouland.com/arti/society/society_general/7643.html.

2 김진구와의 인터뷰는 사업 2년 차인 2020년에 진행되었다.

3 최현숙, 《황 노인 실종사건》, 글항아리, 2022, 147~149쪽.

4 "고독사, 해마다 8.8%씩 늘고 '50대 남성' 가장 많다", 《경향신문》, 2022. 12. 15. https://m.khan.co.kr/national/health-welfare/article/2022121 42055005#c2b.

5 전상진, 《세대 게임》, 문학과지성사, 2018.

3장

1 이은주, 《나는 신들의 요양보호사입니다》, 헤르츠나인, 2019, 56쪽.

2 이은주, 앞의 책, 13쪽.

3 낸시 폴브레, 《보이지 않는 가슴》, 윤자영 옮김, 또하나의문화, 2007.

4 이소현 연출, 영화사 연필 제작, 다큐멘터리 〈할머니의 먼 집〉, 2016.

5 이은주는 입소자 아홉 명 수준의 소규모 요양원, 즉 노인요양공동생활가정에서 일했음에도 '나가떨어지고' 나서, 방문 요양으로 돌보는 일의 형태를 바꾼다. 요양원에서 행해지는 서비스의 내용과 질을 결정하는 것은 무엇보다 요양원의 규모다. 입소자 아홉 명인 요양원은 공동체의 희로애락을 지켜낸다. 그러나 50명 이상 심지어 100명 이상으로 입소자로 확대된 요양원이란 산업체일 뿐이다.

6 그는 《나는 신들의 요양보호사입니다》 이후에 《오래 울었으니까 힘들 거야》(2021)와 《동경 인연》(2022)을 썼고, 《삶에서 가장 중요한 것들은 고릴라에게서 배웠다》(2022)를 번역했다.

7 이은주, 앞의 책, 14쪽. "그냥 무명의 어르신이 아니라 '나의 뮤즈'가 되고 '나의 제우스'가 될 때 어르신을 돌보는 손길이 조금 더 다정하고 예의 바르게 행해지기를 바라는 마음에서" 저자는 자신이 돌보는 분들을 '뮤즈'나 '제우스'라고 부른다.

8 이은주, 앞의 책, 95~97쪽.

9 이은주, 앞의 책, 59쪽.

10 우베르토 파솔리니 연출, 〈스틸 라이프〉, 2014. 런던 케닝턴 구청 소속 공무원인

존 메이는 홀로 죽음을 맞이한 사람들의 장례 치르는 일을 하고 있다. 비록 들어줄 이 아무도 없지만, 그는 고인의 유품을 단서 삼아 추도문을 작성해 영결식에서 읽는다. 심지어 유품을 단서로 고인을 만나 무언가를 함께 했으며, 여전히 기억하고 있는 사람을 찾아내 그가 무연고자가 아님을 확인한다.

11 이은주, 앞의 책, 58~59쪽.

12 연하곤란 또는 연하장애는 음식물을 씹거나 삼키지 못하는 상태를 가리킨다. 이 경우 튜브 등을 통해 소화기관에 유동식을 직접 주입하는 것이 경관 급식이다.

13 여기에서 기술하고 있는 연명의료결정법과 경관 급식을 둘러싼 윤리적 논쟁에 관해서는 이지은, "'연명'이 아닌 삶: 중증 치매에서 경관 급식 실행의 윤리적 문제들", 《과학기술학연구》 제20권 3호, 2020, 1~29쪽을 참조했다.

14 주디스 버틀러, 《비폭력의 힘》, 김정아 옮김, 문학동네, 2021.

4장

1 육끼에게 본인 소개를 부탁했더니 이런 말을 들려줬다. "저는 노인들의 이야기를 귀담아들으려고 하고, 노인들의 삶을 잘 배우고 싶은 토끼입니다. '육끼'라는 제 이름은 육식토끼의 준말입니다. 제가 토끼띠거든요. 육식을 잘하고 좋아해서 육식이라기보다는 새로운 토끼, '토끼'라는 정체성으로 비틀어보고 싶다는 의미에서 육식토끼입니다. 개인적으로 토끼 아이템을 모으고 있어요. 환갑이 되면 제가 모은 컬렉션으로 전시를 하고 싶다는 생각도 있습니다."

2 이 도도한 할머니의 이야기는 김선교 작가의 〈밥줄〉에 담겨 있다. 47분짜리 영상물 〈밥줄〉에는 할머니 말고 시장에서 가방을 파는 한 할아버지의 이야기도 담겨 있다. 이 할아버지는 말 그대로 100퍼센트 '이야기꾼'이다. 많은 사람이 〈밥줄〉을 볼 기회가 있기를 간절히 바란다.

5장

1 나는 이 글에서 노년 여성 농부들을 '할머니들'로 부른다. 이것은 인터뷰에 응해준 김신효정이 그들과 자신의 관계에 대한 이해를 토대로 그들을 그렇게 부르기 때문이다.

2 경북 안동 고갑연 할머니의 말씀. 김신효정, 《씨앗, 할머니의 비밀》, 소나무, 2018, 224쪽.

3 역사상 최악의 씨앗 기근과 지구촌 씨앗 지킴이들의 '노아의 방주'에 대해서는 존 베츠·태거트 시겔의 다큐멘터리, 〈씨앗: 우리가 몰랐던 이야기〉(2016)를 참조.

4 김신효정, 앞의 책, 128쪽.

5 김신효정, 앞의 책, 233쪽.

6 전남 순천의 한숙희 할머니. 김신효정, 앞의 책, 252쪽.

7 경북 안동의 고갑연 할머니. 김신효정, 앞의 책, 225쪽.

8 홍순관 작사, 〈쌀 한 톨의 무게〉, 음반 "엄마나라 이야기", 2016.

6장

1 그 뒤를 '연금충'이니, (한여름 매미처럼 시끄러운 할머니라는 뜻의) '할매미'니, (나이 든 게 벼슬이냐며 벼슬아치를 빗대 말하는) '노슬아치' 등의 표현들이 잇는다. 노년 혐오는 암묵적으로 점점 더 사회적 승인을 얻고 있다.

2 조미경, "진화하는 장애, 익숙해지지 않는 통증", 《어쩌면 이상한 몸》, 2018, 42쪽. 강조는 필자가 한 것이다.

3 조미경, "서로의 존재를 일깨우는 다른 몸들의 이야기", 〈비마이너〉, 2020. 5. 15. http://www.beminor.com/detail.php?number=14672&thread=03r02r16.

4 이영 연출, 여성영상집단 움 제작. 세 명의 거북이 시스터즈인 영희, 영란, 순천은 각각 소아마비, 골이형성부전증 그리고 척추만곡증과 저시력 장애를 가지고 있는 1급 장애인들이다. 세 사람은 휠체어를 타고, 사회가 만들어놓은 장애물들을 안간힘으로 넘어서며 '느릿느릿' 일상을 이어나간다. 박김영희는 다른 장애·비장애 여성들과 함께 장애여성공감을 만들었다.

5 실비아 페데리치, 《혁명의 영점》, 황성원 옮김, 갈무리, 1994, 21~34쪽 참조.

6 조미경, "장애인 탈시설 운동에서 이뤄질 '불구의 정치' 간 연대를 기대하며", 기획연재 '교차적 관점으로 시설화 비판하기', 〈비마이너〉, 2019 .4. 10.

7 김원영, "스무살이 된 장애인들", 《한겨레》, 2019. 8. 20. http://www.hani.co.kr/arti/opinion/column/906284.html#csidx40214d69f54be578d156c077aabc7e7. 2007년 4월 '장애인활동보조지원사업'이 시작되면서 장애인들의 사회 활동은 좀 더 확장되었다.

8 우선 궁금증을 해소할 수 있는 중요한 소식은 장애여성공감(https://wde.or.kr)과 비마이너 (https://www.beminor.com) 사이트에서 만날 수 있다.

9 김영옥, "욕망하며 실패하며 변신하다: 급진성을 갱신하는 공감의 오늘", 《마침》

통권 25호, 장애여성공감 발행, 2022.

8장

1 "'밥, 공간, 자존', 코로나 시대 홈리스로 산다는 것", 〈가톨릭뉴스 지금여기〉, 2021. 4. 16. http://www.catholicnews.co.kr/news/articleView.html?idxno=23099.

2 "코로나19 방역 빌미로 삶의 터전·살림 뺏긴 홈리스들", 〈비마이너〉, 2020. 5. 28. http://www.beminor.com/detail.php?number=14718&thread=04r0 1r02.

3 최현숙, "'드럽고' 치사한 밥", 《경향신문》, 2020. 10. 17. http://news.khan.co.kr/ kh_news/khan_art_view.html?art_id=202010170300035#csidxdc2ce03cfad6 22f80e07225e9d85643.

4 '요코하마 메리'라고 불렸던 그는 가부키 배우처럼 피부를 하얗게 칠하고, 중세 귀족 같은 드레스를 입었다. 2차 세계대전 이후 그는 거리에서 40년간 성매매를 했으며, 몇몇 예술가들의 뮤즈나 친구가 되어 우정을 나누기도 했다. 나카무라 다카유키 감독의 다큐멘터리 〈요코하마 메리〉(2008) 참조.

5 박희정·유해정·이호연, "여기서 성질을 더 죽이면 못 살지"(구술 김복자, 글 박희정), 《나는 숨지 않는다》, 한겨레출판, 2020, 162~166쪽.

6 2017년부터 실시되고 있는 복지반장 제도는 복지 사각지대 해소에 지역 주민들의 자발적 협력을 유도하기 위해 마련되었다. 같은 곳에 거주하는 주민들이 행정 직원보다 서로의 실정을 더 잘 알 것이라는 판단으로, 복지 사각지대에 있는 주민을 발굴하고 필요에 따라 돕는다는 맞춤형 복지를 지향한다. 복지반장은 어려운 이웃의 생활 실태 모니터링이나 혼자 사는 저소득 노인이나 장애인 등 방문 보호 활동, 취약 계층 인권보호 활동 등 여러 역할을 수행할 것으로 기대된다. 근본적으로 공적으로 구축되어야 할 안전망을 민간인들의 선의에 떠맡기는 것으로 평가할 수 있다. http://hrcity.or.kr/bbs/board.php?bo_table=B02&wr_ id=1280&page=84 참고.

9장

1 〈디스클로저〉는 트랜스 남성 얀스 포드가 연출한 영화로 2020년에 넷플릭스에서 소개되었다.

2 트랜스젠더와 관련한 용어는 역사적으로 계속 변해왔고 시대에 따라 정의도 변해왔다. 트랜스젠더의 전통적 정의는 태어났을 때 지정받은 젠더와 스스로 인식하는 젠더가 다른 사람이다. 하지만 트랜스젠더 역사학자 수전 스트라이커는 '선택하지 않은 출발 지점에서 떨어져 나와 사회가 부여한 경계를 가로지르는 운동'이라고 정의하며 트랜스젠더라는 용어의 가능성을 확장하고자 했다. 트랜스젠더퀴어는 최근 만들어진 범주 용어로, 트랜스젠더, 젠더퀴어, 논바이너리를 포괄하기 위한 의도를 갖는다. 젠더퀴어와 논바이너리는 젠더 이분법에 부합하지 않는 이들이 주로 사용하는 용어다. 이들을 모두 포괄하는 용어 트랜스젠더퀴어는 젠더이분법을 문제 삼으려 이원 젠더 규범에 부합하지 않는 방식으로 젠더를 실천하는 태도, 규범성을 계속해서 문제 삼는 태도를 포괄한다.

3 루인이 상근자로 일하고 있는 아카이빙 작업소 퀴어락과 같은 공간에 있는, 즉 그가 돌봄을 받을 것으로 기대하는 동료요 친구인 퀴어들이 활동하는 한국성적소수자문화인권센터(KSCRC)는 2021년에 "성소수자 노후 인식 조사"를 실시했다. 그것의 결과를 출발점으로 삼아 KSCRC는 '성소수자와 나이듦' 프로젝트인 '큐라이프센터'를 진행한다. 이를 통해 한국 사회에서 성소수자와 나이듦에 대한 다양한 이슈를 제기하고, 성소수자가 평등하게 나이 들어가는 삶을 만들기 위해 노력하겠다는 장기 계획을 세우고 있다.

4 재난과 대피소, 구호의 문제는 트랜스젠더뿐만 아니라 다른 퀴어들도 공유하는 고민거리다. 이영 감독의 다큐멘터리 〈불온한 당신〉에는 동일본 대지진이 났을 때 '친구는 찾아줄 수 없다, 가족만 찾아줄 수 있다'는 말에 '아, 가족이 아니면 언제나 서로를 상실할 위험이 있구나' 깨닫고, 가족관계를 맺은 두 레즈비언 여성 논과 텐의 이야기가 소개된다.

5 "성소수자 노인 전용 요양원이 외국엔 있다?!", 한국성적소수자문화인권센터 유튜브, 2022. 12. 24. https://www.youtube.com/watch?v=fIVGonxvGcg.

6 나영정, "트랜스젠더를 위한 공간 '트랜스로드맵'", 〈일다〉 2012. 6. 28. https://www.ildaro.com/sub_read.html?uid=6083%A7ion=sc5.

7 이승현, "트랜스젠더의 흔한 삶의 단상", 〈행성인 웹진〉, 2012. 5. 6.

8 이은용 극작가, 김기홍 교사·활동가, 변희수 하사를 말한다.

9 Judith Butler, *Precarios Life: The Power of Mourning and Violence*, Verso: London, 2004, 21[《위태로운 삶》, 윤조원 옮김, 필로소픽, 2018, 48쪽. 재번역].

10 루인, "죽음을 가로지르기: 트랜스젠더, 범주, 그리고 시간성", 《퀴어인문잡지 삐라》 제2호, 노트인비트윈, 2014, 56~74쪽. 인용은 65쪽.

11 Sandy Stone, "The Empire Strikes Back; A Posttrsnssexual Manifesto". 원문은 다음에서 확인할 수 있다. https://sandystone.com/empire-strikes-back.pdf. 서교인문사회연구실 웹진 〈인-무브〉에 해당 논문의 한국어 번역본이 게시되어 있다. 샌디 스톤, "제국의 역습: 포스트성전환자 선언(1/2)", 백소하 옮김, 단감·김호영 감수, 2019. 11. 12. https://en-movement.net/276?category=718342; 샌디 스톤, "제국의 역습: 포스트성전환자 선언(2/2)", 백소하 옮김, 단감·김호영 감수, 2019. 11. 25. https://en-movement.net/277?category=718342.

12 김원영, "스무 살이 된 장애인들", 《한겨레》, 2019. 8. 20. http://www.hani.co.kr/arti/opinion/column/906284.html#csidx40214d69f54be578d156c077aabc7e7.

13 Lee Edelman, *No Future*, Duke University Press, 2004, 9.

14 김비는 트랜스 여성이다. 《못생긴 트랜스젠더 김비 이야기》(2001), 《플라스틱 여인》(2007), 《네 머리에 꽃을 달아라》(2011), 《빠쓰정류장》(2012) 등 자전적 내용을 담은 소설로 문단에 이름을 알렸고, 이후 《붉은 돌, 닫힌 문, 출구 없음》(2015), 《별것도 아닌데 예뻐서》(2018), 《길을 잃어 여행갑니다》(2019), 《슬플 땐 둘이서 양산을》(2020), 《제주 사는 우리 엄마 복희 씨》(2020) 등 소설과 에세이집을 혼자, 또 박조건형과 함께 펴냈다.

15 김비 작가의 〈내 이야기〉에서 출발한 작품으로, 김비가 극본을 쓰고, 미술가 정은영이 구성과 연출을, 독립기획자 고주영이 기획과 제작을 담당했다. 서울 아르코예술극장 소극장에서 2021년 3월 4일부터 열흘간 공연되었다.

16 김비, "나에게 오십은 '트로피'였다", 《한겨레》, 2020. 1. 18. https://www.hani.co.kr/arti/society/society_general/924897.html.

17 한국성적소수자문화인권센터가 2008년 2월부터 11월까지 진행한 프로젝트. 센터는 그 전에 신촌공원을 중심으로 "가출 10대 여성이반 실태조사"를 했다. 10대들에게 20대에도 탈반하지 않는다는 것을 보여주기 위해, "1060 '여성이반'의 역사와 세대를 잇는 깍지 끼기 '육색찬란 회동(캠프) + 깍지 끼기(멘토링)'" 사업을 했다.

18 1960년대 형성된 전국 조직으로 주요 도시마다 지부가 있었고, 1980년대까지 유지되었다. '여자깡패 모임'이라고 불렸던 여운회의 '동지들'은 서로 대소사를 챙기는 사이였다. 여성들이 사회생활을 하기 어려웠던 1960년대 '바지씨'들은 외모와 복장에서 자유로운 택시운전사로 많이 활동했다. 장일호, "옛날 옛적 '바지씨'가 살던 그때", 《시사IN》 514호, 2017. 7. 22. https://www.sisain.co.kr/

news/articleView.html?idxno=29658.

19 장일호, 앞의 기사.

20 장일호, 앞의 기사.

21 수전 팔루디, 《다크룸》, 손희정 옮김, 아르테, 2020, 607~609쪽.

10장

1 최현숙, 《천당하고 지옥이 그만큼 칭하가 날라나?》, 이매진, 2013.

2 김영옥, 《노년은 아름다워》, 서해문집, 2017, 44~73쪽에 수록돼 있다.

3 "장담하는데, 앞으로 한국 사회에서 가장 격렬한 투쟁과 갈등이 야기되는 지점
은 건강보험 문제를 둘러싼 의료와 돌봄이 될 것이다." 김창엽, "흔들리는 의료
구조, '국가는 어디 있나' 물어야 한다", 〈프레시안〉 2023. 1. 2. https://www.
pressian.com/pages/articles/2023010113270354244.

4 이 글에 실린 최현숙의 말은 모두 그와 2022년 12월 11일 행했던 인터뷰에서 채
록한 것이다.

5 《경향신문》에서 2019년 6월 24일부터 6월 28일까지 연재한 '최현숙의 내 인
생의 책'에서 그는 헤르만 헤세의 《지와 사랑》, 박경리의 《토지》, 아니 에르노의
《칼같은 글쓰기》, 이옥남의 《아흔일곱 번의 봄 여름 가을 겨울》, 그리고 이청준
의 소설들을 꼽았다.

6 최현숙, "최현숙의 내 인생의 책: 이청준의 소설들", 《경향신문》, 2019. 6. 25.
https://www.khan.co.kr/culture/book/article/201906242227005.

7 최현숙, "최현숙의 내 인생의 책: 칼같은 글쓰기─아니 에르노", 《경향신문》, 2019.
6. 26. https://www.khan.co.kr/culture/book/article/201906252228005.

8 최현숙, 《황 노인 실종사건》, 글항아리, 2022, 125쪽.

9 《돌봄 선언》에서 '난잡한'이란, "돌봄의 관계를 맺는 데 대상을 구별 또는 차별하
지 않고 가능한 한 많은 사람을 돌보며 관계를 무한히 증식해야 한다는 의미로
사용한다." 더 케어 콜렉티브, 《돌봄 선언》, 정소영 옮김, 니케북스, 2021, 42쪽,
옮긴이 주.

에필로그

1 이옥남, "디다볼수록 신기하게만", 《아흔일곱 번의 봄 여름 가을 겨울》, 양철북,

2018, 73쪽.

2 이옥남, "불보기", 앞의 책, 32쪽. 세빠또는 동네에 사는 또 다른 '독거노인'이다.

3 루이스 애런슨, 《나이듦에 관하여》, 최가영 옮김, 비잉, 2020, 680~681쪽.

4 루이스 애런슨, 앞의 책, 681쪽.

5 루이스 애런슨, 앞의 책, 687쪽.

늙어감을 사랑하게 된 사람들

초판 1쇄 인쇄 2023년 4월 7일
초판 1쇄 발행 2023년 4월 19일

지은이 김영옥
펴낸이 이승현

출판2 본부장 박태근
스토리 독자 팀장 김소연
편집 강소영
디자인 퍼머넌트 잉크(김마리)

펴낸곳 ㈜위즈덤하우스 **출판등록** 2000년 5월 23일 제13-1071호
주소 서울특별시 마포구 양화로 19 합정오피스빌딩 17층
전화 02) 2179-5600 **홈페이지** www.wisdomhouse.co.kr

ⓒ 김영옥, 2023

ISBN 979-11-6812-412-7 03330